U0111697

大展好書　好書大展
品嘗好書　冠群可期

吳鑑泉先生像

吳圖南先生像　　　　　　　　　二十年代吳圖南先生演練下勢

吳圖南先生演練練架野馬分鬃

吳圖南先生隨吳鑒泉先生南下時在南京中山陵合影

吳圖南先生在北大

百歲老人吳圖南先生

吳圖南先生演練太極劍英姿

吳圖南先生與夫人劉桂貞在家中合影

　遵吳圖南先生遺訓，嫡傳弟子馬有清、沈保和，嫡傳徒孫李璉為老先生立碑。

作者照片

作者訪遊武當山

作者演練太極拳玄玄刀

呉図南宗師生誕120周年記念大会
主催　日本呉図南太極拳研究会

　作者在日本吳圖南先生 120 週年誕辰紀念會後與部分吳圖南太極拳研究會
會員合影

武術特輯
90

太極拳練架真詮

李 璉 著

大展出版社有限公司

前　言

　　20 世紀 60 年代末，在我剛到吳圖南師爺那裏學習太極拳的時候，「文革」的狂濤，洶湧澎湃地沖向中國每一個角落，橫掃一切舊事物的洪流，滌蕩著幾乎所有的傳統文化。中國的祖先們被造反派們拉出祠堂「打翻在地」，並「被踏上一萬隻腳」。

　　作爲傳統太極拳所提倡的文武之事，以及道德修養的提高，當然更是鐵拳重擊的物件。也就是那時，有一位長者卻私下裏對我說：「太極拳是瑰寶，不管有任何風浪，也會在民間暗暗地流傳。」

　　歷史的發展，正像這位長者所預言的那樣，在三十多年後的今天，太極拳作爲一種群眾性的運動風靡於整個世界。那位有違時代大潮對我諄諄教誨的長者，正是當時在天文館向吳圖南先生學習太極拳的學生黃誠先生。

　　縱觀太極拳自南北朝書中有明確記載以來，歷經唐、宋、元、明、清到如今，出現過程靈洗、許宣平、李道子、張三豐、王宗岳、宋遠橋、蔣發、陳長興、楊露禪等宗師，繼往開來，發揚光大。作爲一個有一千多年悠遠歷史的拳種，在世界上能有如此眾多由練習此拳而受益者，實在是中國傳統文化的的榮耀，實在是前賢們對人類精神文明的巨大貢獻啊！

　　太極拳像一艘寶船航行在漫漫的歷史長河中，勢

必留下經歷過的印跡。程靈洗們的「小九天法式」蘊含著南北朝道教的大興與社會的動盪；許宣平的《三十七心會論》等與李道子的《授秘歌》凝結著唐代質樸的古韻與性命雙修的思想；而王宗岳《太極拳論》承三豐祖師的道統，散發著深厚的宋明理學的韻味……及至清代文治武功，又出現了陳長興、楊露禪、武禹襄、李亦畬等先賢，以切實的體悟詳細地將太極拳的武事方面記述了下來，成爲後世的財富。

現代的吳圖南先生在其著作《國術概論》中最早地提出國術走向世界，並總結了百年的閱歷，提出太極拳要實用化、生活化、普及化、科學化的發展提案。

就太極拳的科學性而言，首先取決於其能流傳千年而依然存在，依然能像林間的清風、初春的雨露那樣爲人們默默地做著奉獻。

人類是追求實際的，歷史是公正而無情的，江河的流淌萬古依舊，被大浪淘汰的是浮華與虛僞，而留下的卻是有待於科學研究的深刻內涵。太極拳如同一塊無暇的美玉靜靜地等待著未來的科學發掘其中蘊藏的無限價值。

太極拳是中國祖先們精心雕琢的傑作，是中國傳統文化的結晶。它像廣闊無垠的大海，包容著匯集而來的江河。我們從《宋遠橋太極功支派源流論》中所記載的「江南七子」在太極拳發展中所作的貢獻可見一斑。反思以姓氏開宗立派，絕非是對發展太極拳所作的貢獻，相反倒被姓氏爲主體的「正宗」看法，羈

絆了太極拳鴻圖的大展。

　　我閒暇時回想起很早發生過的一件事，有人曾經問過吳圖南先生的話：「您打的是什麼式的太極拳？」吳圖南先生回答說：「我打的就是太極拳，無所謂什麼式。」並且還告訴那人，三四十年代楊少侯、吳鑒泉各拍了一套練架拳架的電影，看起來樣子差不多。當時國家標定的套路已經分成楊、吳、陳、武、孫等不同的幾式，我聽了以後十分不解，只感覺我們所練習的不是由吳鑒泉親傳給吳圖南師爺的練架嗎？爲什麼不直接回答是吳氏拳呢？若干年以後，隨著對太極拳體悟的加深，我逐漸領會到了吳圖南師爺的用意。

　　我們知道，太極拳套路的練習，一般可以分爲以意導體、以體導氣、以氣運身三個階段。

　　練習者在以意導體的階段，首先要注意的是姿勢的正確，因爲正確的姿勢有利於人體筋骨肌肉的鍛鍊與人體氣機的疏導，所以，我們必須循規蹈矩、規範地掌握太極拳套路。練之既久，正如拳經所云「行氣如九曲珠無微不至」，進退抽添，鼓蕩開合，勁氣就隨心意而行走。此時再接再厲，精進不已，自然而然以氣運身，此時此刻「氣遍周身不稍滯」，安全能達到拳我兩忘的境界。

　　人與人的相貌不同，高矮不同，先天稟賦不同，七情所感不同……諸多不同，當然練拳時經氣流行隨本身素質亦有所異。練習的人形神勁氣隨覺而行，應感而發，倘若此時再強求拳架外形的規範一致，未免

有削足適履之弊了。

　　大師們在此階段所演練的拳架，自然而然地流露出自身的特點。這種特點有的是由於功夫登峰造極所致，有的卻由於自己身體特點所致。後人模仿其形未免有所誤。

　　曾聞中國畫壇巨匠齊白石先生對弟子說過：「學我者生，像我者死。」大師的言語中深含著教學的哲理。回想學習太極拳走過的路程，真有點兒像現代人學習繪畫，開始必須以素描爲基礎，來掌握物體結構，用黑白灰三色來表現光線的變化。待一紙完成，平面的畫與立體的實物相差無二。學習國畫要由翎毛、花卉、梅蘭竹菊、山水、人物訓練，來掌握筆觸、勾勒、各種皴法、畫的神韻，以及構圖的章法等基本功夫。待到基本功扎實以後，則愈畫愈精，漸漸能畫境隨心，神走筆端，揮毫而就，自成大家。後人根據其風格分門別類，從而形成各種派別，以代表不同的畫風。

　　太極拳的修練也是如此。古人明確指出：「入門引路須口授，功夫無息法自修。」仔細反省太極拳的教學過程，傳統的太極拳在 20 世紀 40 年代以前並沒有各氏太極拳的產生，那時候每位大師在教學時只言爲「某某某傳太極拳」或「某家傳太極拳」。

　　民國初年「北京體育研究社」中楊少侯、楊澄甫、吳鑒泉等名家同在一處教拳，彼此學生也互有往來，由此可見太極拳的教學還是比較統一的。但是後來卻紛至遝來，門派愈衍愈多，各言其是，皆以「正

宗」而冠，甚至褒我貶彼，相互傷害，不知不覺遠遠違背了修練太極拳的本意。

我打一個比喻不知恰當否，太極拳像一棵大樹，各氏太極拳就像從主幹分出來的枝杈，其特點也僅僅代表了其中某一個方面，而不是全部。發掘與研究應該從主幹著手，而不能只著眼於發現新門派，這是捨本而求末，最終會出現百人百氏的局面，很難做到對太極拳格物致知。所以說吳圖南先生所宣導的對太極拳實用化、普及化、生活化、科學化才是我們以後「正宗」的研究方式。

如今的時代，是量子時代，人類對自身的認識是有限的，僅用肉眼所能看到的，不見得是真實的，用眼睛所看不到的也不見得不存在。太極拳是中國傳統文化的結晶。中國人的祖先是善於從事物中觀察、取類比象的昇華，以至於抽象總結出其核心理論，有著幾千年的文化底蘊與實踐經驗。

太極拳的理論的形成也不例外。因此研究太極拳必須先做到明理，明理之後，就像走路有了方向，然後再做深入細緻的研究也就可以有的放矢了。吳圖南先生早在幾十年以前就著手嘗試著用現代的科學方法研究太極拳的微觀世界了。對太極拳的微觀研究不能只是說說而已，因為那是多學科、多層次的，絕非鸚鵡學舌、泛泛一談即能了事的問題。

太極拳的文事、武事精進，完全要基於精神上道德修養、修練。這不僅僅限於古人的性命雙修，即使在物質文明十分發達的今天，道德修養更是非常需要

的。在世界上，無論東方人還是西方人，物質世界越發展，越要從銅臭氣中爬出來，將自己的心理從單純的物質追求和無限私欲的桎梏中解救出來，做到所謂的精神回歸，也就是在精神世界中尋求恬淡寂寥。只有在寧靜如水的心理狀態下，人的自身生命才能得到內在的平衡，才能達到養生長壽的目的。人際之中在彼此平和的心理狀態下，人們才能體會到相互依存道理，人類才能漸趨於和諧互助的氣氛中。這也是太極拳運動將要走向世界的必然性之一。

我不想在書中大肆渲染太極拳運動的作用，只寄希望在書中將自己練習太極拳的體會，儘量表達奉獻給大家。倘若能成為廣大太極拳愛好者之礪石，則是我苦苦求索的最大欣慰。

李　璉於北京

目　錄

第 **1** 章

太極拳練架拳意廣要

第一節　太極拳練架中的定勢與連勢

　　太極拳練架是一種傳統練法，乃是與用架相對而言，一般稱之為行功架，如今廣泛普及的太極拳運動即指此而言。然而行功練架中又有定勢、連勢之分，此兩者從形體動作看基本上是一致的，只是在連貫程度上有所區別。

　　定勢要求在每一動作完成後停一至六個呼吸，而連勢則要求如行雲流水，不能有絲毫停頓。然而這種認識是僅僅停留在表像上的。

　　實際上，兩種練習方法在太極拳的修練上，既有表面的分別，又有內在的側重。兩者修練的內容，既有分別又有著千絲萬縷的聯繫。因此，我們大家應該在練習時用心體會，在閒暇時深入探討，正如吳圖南老先生所說：「若嚼橄欖，細細品味之。」

　　經由對太極拳定勢、連勢的多年練習，我個人略有所悟，現簡述如下以供大家嚼蠟，或許對於有的太極拳愛好者有所裨益，即為我著述之初衷。

一、定　勢

太極拳的定勢乃為太極拳傳統的練法之一。吳圖南先生曾說：「定勢是吳家練習太極拳基本功的功架，其目的在於加強對於自身毅力、體質的修練，使太極拳內功得到不斷的增長。」定勢的練法，要求每一個動作後保持姿勢不變、停一至六個息。所謂息者，初為一呼一吸為一息，逐漸隨著呼吸的深、長、細、勻而形成內呼吸。

保持姿勢的不變，本身就如同站樁，全套拳架共有三百多個動作，猶如幾百個樁法。然其相同的姿勢，在不同的時期又要有不同的注意要點。

(一)先求開展與蓬鬆

傳統太極拳的要求是先求開展、後求緊湊的。我在當初練習拳架時，每一動作要求關節、肌肉、韌帶盡可能地鬆開，這種鬆開是強調在每個姿勢一定要將全身關節最大程度地放開，這個階段我們稱之為對拉拔長。

人體的運動是由六百多塊肌肉、二百多塊骨骼來協同完成的，這種運動無疑對於肌肉、韌帶和骨關節都是十分有益的訓練。

同時，人體的每一動都是由舒張肌的放鬆與收縮肌的緊張共同完成的，類似這種運動，醫學界習慣稱之為「拮抗運動」。無疑，拳勢的動作越開展，筋骨越要拉開，相應地拮抗運動越強烈。而強烈的拮抗運動是導致動作僵硬的根源。

有些人為了避免這種肌肉的緊張，從形體上改變了傳

統的拳勢套路，沒有遵照古訓去先求開展，而是從開始就將拳架打得拘拘謹謹、鬆鬆懈懈的，或者故意做出軟綿綿的架勢，以為這就是太極拳的「鬆」了。其實此並非是鬆的本意。所謂「鬆」，一方面要求關節、肌肉能夠放開，也就是其柔韌性一定要強。另一方面，再在動作正確的基礎上有意識地放鬆肌肉之間的拮抗運動，即《拳經》中所謂的「似鬆非鬆，將展未展」，久而久之，身體內自然開始產生蠕動和微微抖動等等微妙的體感。由寂然不動的靜態中，去尋找那蓬鬆的感覺。

蓬鬆之後，肢體及身軀，自骨至筋至皮，即會慢慢地層層鬆開，甚至可以覺出體內氣血的流動，如此則可感覺「虛靈在中」的妙趣了。此即吳圖南師爺「無一處不通暢，無一處不順遂」之謂也。

(二) 太極存於每動中

太極勢為傳統太極拳對拳架預備勢的稱呼，不知曾幾何時被約定俗成地改稱為起勢。我們在細細斟酌以後隱約地感覺到古人稱其為太極勢的真正含義是那麼深遠。僅從預備勢的角度看，在每套拳開始之時，要平心靜氣將心猿意馬收回到準備練習的太極拳套路中，其實並不是那麼簡單，因為太極勢的做好與否直接影響著整套拳的練習。

從形體上講，太極勢中一般含有虛靈頂勁、神凝於耳、舌頂上腭、鬆肩墜肘、含胸拔背、氣沉丹田、裹襠護臀、鬆腰鬆胯、鬆落湧泉等等諸多注意要點。

然而若從氣的角度上講，道家講求「守一」之術，其主旨在於守住精氣神，使之不外逸，而使其充盈體內，與

形體抱而合一。太極者「一」也，為人之元氣。元氣是「道」在人體的體現之一，其內涵陰抱陽，陰陽之氣相合相蕩，則為《道德經》中所云的「沖氣以為和」。事物在陰陽相蕩，大氣沖和的狀態下，才能有變化，才能在相對的平衡中不斷地順利發展。

養生長壽首要的條件是人體內環境中的陰陽平衡，假如人整體的陰陽失去了平衡，則會造成臟腑經絡、氣血津液的失調，出現相應的疾病。故而《黃帝內經》中云：「陰平陽秘，精神乃治，陰陽離絕，精氣乃決。」太極拳中的太極勢實際上是由形體的十六關要漸求體內的「陰平陽秘」的「沖和之氣」，並在練拳之中以「太極」狀態抱而守之，靜養真元。即道經云：「專守精氣使不亂，則形體能應質而柔順。」透過不斷的修練感悟，使之四肢百骸氣血通暢無阻，臟腑經絡協調無謬，則百病不生矣。

從技擊角度來說，太極拳從後發先至到發於機先，都是以靜制動的。因為心靜如水，方能顯現出對方的變化和目的，不用經由大腦的思考隨機而變，方能贏得時間，穩操勝券。

然而以靜待動一定要具備陰陽沖和的太極狀態，以及隨之而應的虛實、開合、剛柔以及進退、抽添等等的陰陽之變化。這兩點是太極拳修練者必須掌握的應敵之要。

由太極勢的初步練習到「沖氣以為和」的太極狀態，是一個由量變到質變的修練過程，這一過程首先是由太極拳定勢開始的。細細推求，這大概正是太極拳先賢們將太極拳的預備勢稱之為「太極勢」而不叫「起勢」；將練拳結束稱之為「合太極」而不叫「收勢」的緣故吧。

「坐聽無弦曲，通明造化機。」誠然，我們如能靜心體會太極拳中蘊含著一種無聲的韻律，自可令人陶醉並融化於太極拳動作之中，並使自身的身體與心性全都得到不斷的修養。

（三）動作的升降與起伏

升降是修練者在打拳時，動作隨氣上下而起落的一種形式，是人體氣機變化的過程之一。由於《拳經》中有云「勿使有起伏」，故有人機械地取消了太極拳中動作的高低變化，打起一套拳來動作外形始終保持著一定的高度，即使是下勢、金雞獨立等姿勢也不例外。

我個人認為，《拳經》中所述的「起伏」，其實是對在氣不穩定的狀態下，動作與氣不協調的一種形容，而不是泛指動作的高低變化。氣以太極勢為基礎而結合動作的升降起落，升起則猶如萬壑之雲生，降落則猶如千仞之雲歸，自湧泉順勢而出入，從而保證了行功中太極勢的始終穩定。缺乏氣機穩定的可稱之為「起伏」。起伏在行功中會使動作轉換不連貫，而出現凸、凹、斷、續，使動作缺乏穩定性、協調性。在具體應用上則自然會有頂、丟、瘓、抗，而令對方有機可乘。因此，在太極拳練習的時候講究「根起根落」是非常重要的。

（四）精細慢中求

回想起自己當年因年少氣盛，竟然把太極拳行功慢架打得很快，而且自以為得意，卻被吳圖南師爺警示為「太極花拳」，其原因就是把行功慢架中的關鍵一個「慢」字

忽略了。

在連勢的練習中，首先要把練拳的速度慢下來，在緩慢的動作中體悟鬆柔氣感，尋求中正安舒、輕靈圓活。細細地品味意、勁、氣的虛實、抽添、開合、升降……在慢中才能用意或導陰經、或導陽經；或用梢帶根，或用根帶梢，繼而在每一動中體悟面、段、條、點的連續運動。持之以恆的修練自可達到虛空粉碎這一高級境界。

由對太極拳、太極功的修練，心性漸漸具有杜甫《江亭》詩中所云「水流心不變，雲在意俱遲」的志趣，在行功練拳時有著心意超然物外、悠然自得的感受，且能由靜而悟、而練，以道悟拳，以拳證道，勤求精進，進而明道立德，成為一個具有豐富內涵、有著高尚道德的人。

第二節　太極拳體要簡說

太極拳練習中，身體的要領，手法、腳法、步法的規定，練架與用架大致相同，因此，體要簡說與太極拳的手法、腳法和步法兩節與《用架真詮》一書大致相同。下面分別述之。

(一)虛領頂勁

虛領頂勁，又稱「虛靈頂勁」。我個人認為一般應「虛領頂勁」在前，待久而練成「神貫頂」後自然成為「虛靈」的狀態。

1. 練拳時要完全用意引導，切勿用意太過或使用僵勁，造成頸項強直的弊病。體會要充分地在「虛靈」上下

工夫。

2.要用意微微裏收下頜，這樣能充分地加強頸椎關節的鬆開與中正。

3.頭在百會穴處微微以意上領，如有繩懸之狀。

4.切忌頭部歪斜，否則就會失去練習時的「中正安舒」。

5.做好虛領頂勁以後，精神才能提得起，才能做到「神貫頂」，才能做到「虛靈頂勁」。

(二)立身中正

1.練拳時應該頭頂端直，正容平視，「神凝於耳」（似聽非聽，其練習目的主要是練習覺的功夫），舌尖抵於上腭發兒音處。

2.雙肩在練拳的時候要端正，切忌有高低、前後的傾斜，從而方能維持身體的中正。

3.腰部關節要鬆開，並要體會自身節節貫串的感覺。切忌向下懈墜。腹部要放鬆，但不能凸肚。一般講，只有鬆腹，腰才能做到放鬆。

4.「尾閭中正」是立身中正的關鍵所在。《心會論》中稱猴頭、腰脊、地心為三大主宰，也就是要用百會、尾閭、湧泉的垂直，來保持人體的重心（當然，練到高級的層次時會有更深一級的解釋）。在練拳時身體要中立不倚，無前後俯仰，無左右歪斜，腰部要隨臀而下，狀如端坐。因此，進退顧盼定都能做到尾閭中正、支撐八面，方是立身中正。

（三）氣沉丹田

1. 息之於鼻，舌頂上腭，以鼻呼吸，其呼吸要深、長、細、勻；忌淺、短、粗、快。

2. 腹內鬆靜：腹部放鬆，呼吸出於自然，腹部勿僵、勿努。使深、長、細、勻之息，自感如絲如線納入丹田。

3. 呼吸自然，切忌用意控制太重，以免造成各種不良後果。

（四）涵胸拔背

「涵胸拔背」是內家拳共有的特點之一。應注意的是兩者都要用意引導，但勿太過。

1. 「涵胸」，吳圖南師爺認為「涵」是涵蘊，不挺不凸之意，所以，在練拳時胸部保持自然狀態，不做挺胸動作即可。

2. 「拔背」，是指在練拳時，用意將肩部向兩側鬆開，有如撕布狀。

完成這兩個要點，就能使氣勁得以順利運行，收發自如而無阻滯。但要注意切勿太過，而造成伸頭、哈腰、弓背的樣子。

（五）沉肩墜肘

1. 「沉肩」，就是要做到肩部自然放鬆，站立和動作中不要端肩。有人說「肩部下沉有落地感」也不為過。這是一種練者自身的體會，我們也可以借此來調整自己。在盤拳（即練拳）中往往有手出與肩平的動作，這時應該鬆

沉兩肩，不要用拙力，致使肩部肌肉緊張，從而出現兩肩高聳或兩肩高低不平的現象，這樣既影響勁氣的傳遞，又影響身體的平衡。

2.「墜肘」，是要肘部自然下垂，肘尖內緣直對脇肋外側。要用意而不太過，用架中有「肘不離肋」之說，故切忌在練拳時肘部高抬、外張，以免用時腋下被人所乘。

3.我們知道，在練拳時如果哪個關節僵住，其勁氣的運轉就要受到阻礙。所以練拳時要拔背、沉肩、墜肘，都是為了能讓勁氣在腰脊至肩、臂、肘、手掌這些關節處暢通無阻地運行。又由於肘部是上肢的中節，意、氣、勁的順利通行與否，與之有著十分密切關係，所以墜肘也是關要之一。

（六）裹襠護臀

1.「裹襠」，是用意鬆開髖關節，使兩股內側有外撐之意。

2.「護臀」，是指無論練拳還是練功，臀部都不要外凸，而是要沿尾閭下垂，以保持人體中正安舒。

（七）展指凸掌

對於初學者，要求在推掌時要展指凸掌。凸掌是在推掌的同時，將勞宮穴外吐，使勁氣透掌而發。展指，就是在每掌推出或下按時要將五指鬆開，以使勁氣可達指梢。練習正確，日久功成，自然能夠做到「手運八卦」，即《十六關要論》中所說的「運之於掌，足之於指」。

(八)胯要折疊

胯是連接下肢與軀幹的至要之處，身法腳步之轉換，重心之變移，都與胯有關。在盤拳、練功時，胯的折疊是在身法變化中維持身體穩定的關鍵。

所謂胯的折疊，是在做動作時要鬆腹收胯。切忌挺肚揚胯。只有胯部練得圓活以後，雙腿的虛實變換自如，方能得到相應的落實。

(九)縱之於膝

1.膝部是縱跳與閃展騰挪的關要，應在動作時注意提舉收放，輕鬆靈活。忌膝部僵直而失柔韌，使腿部動作僵硬，如此就虛實難分了。

2.在弓步時，膝部的垂直度不要超過腳尖，以免失重。

(十)蹬之於足

1.腳踩於地上要五趾分張鋪之於地，重心應自湧泉灌注於地下，身體方能穩固。

2.如若讓勁氣上行，則要蹬之於足、行之於腿、縱之於膝、通之於腰脊、經之於臂、過之於肘、運之於掌、達之於指，即所謂「根起根落」也。

3.老一輩拳家所謂的「腳踩五行」，意即結合周身意氣變化，腳下所踩的虛實亦有相應的變化。久而久之，腳下的變化就能帶動周身意氣的變化。

以上是太極拳對人體各部分的要求，練習時一定要

非常注意，亦是練拳時用意所在。

第三節　太極拳的手法、腿法和步法

手法、腿法和步法是武術技擊的基本動作。手法中包括了拳法、掌法；腿法中包括了腿法和腳法。

太極拳作為武術運動之一，也與其他拳種同樣具備這些基本動作。然而由於太極拳的自身特點，在練習中又有獨特的規定和特點。

一、拳　法

拳者，攏捲五指，握之為拳也。其手心一面為拳心，手背一面為拳背；食指、中指、無名指、小指相併一面為拳面；拇指與食指相握之眼為拳眼；小指一側之眼為拳輪。

太極拳的握拳特點有三，一是先將除拇指以外的其他四指指尖內捲，抓扣於掌中，再將拇指下扣，其指尖處於中指第二骨關節上。吳圖南師爺說：「拳者，屈指握固，團聚氣力以擊敵者也。」

二是握拳時要鬆攏五指，切勿僵力緊握。然而「鬆攏」之鬆，也並非軟弱無力之謂。其目的是讓勁氣順利流行。初學者應注意先掌握好第一點，再漸漸體會第二點，方能避免偏差。

太極拳套路中有「五捶」之說，即搬攔捶、撇身捶、肘底捶、栽捶、指襠捶。其實單鞭、打虎勢、彎弓射虎等也是使用拳的姿勢。只是拘泥於傳統未被列入「捶」之列

而已。

過去太極拳著作中常按拳、掌之方位、形態來設定名稱，為方便學者，以下亦依此慣例。

1.正拳：

凡拳眼向上、拳心向側（右拳向左，左拳向右），拳背朝外，拳面朝前者，無論臂之伸屈，均屬正拳。如搬攔捶、彎弓射虎等。對於伸出打擊者，武術其他拳種有稱之為沖拳、撩拳者。

2.反拳：

凡拳輪向上，拳心向外，拳眼向下者都屬於反拳。一般反拳都舉過頭頂，如彎弓射虎等。其他拳種也有稱之為掛拳、架拳。

3.立拳：

凡拳面向上或斜上方，拳心向內，拳輪向前，拳眼向內者，均為立拳。如肘底看捶之左手、雙風貫耳之雙拳。其他拳種稱前者為抄拳，後者為貫拳。

4.仰拳：

凡拳心向上，拳背向下者為仰拳。其他拳種也有稱之為蓋拳、砸拳的。

5.俯拳：

凡拳心向下、拳背向上者皆稱之為俯拳。如撇身捶、分腳、蹬腳者之抱肘動作。在其他拳種中也有稱之為抱拳的。

6.橫拳：

凡拳面向前，拳心向左，拳眼向上者，稱為橫拳。如肘底捶之下面的拳與打虎勢中下面的拳，都屬於橫拳。

而在練習定勢時，傳統要求除擺蓮腿以外，其他幾種腿法也均以蹬腳的形式出現。按吳圖南師爺所說：「練習時把蹬腳掌握好了，其他三種練起來就容易多了。」練習時應氣不上浮，靜而不亂，動作才能平穩。

1.提腿：

一腿獨立微屈，另一腿提膝而起，儘量抬高，逐漸做到膝能貼胸。腳尖或繃之，或上勾，小腿與膝及腳呈垂直狀，也有向內裏扣護襠者。

又稱獨立腿。如金雞獨立等。

2.分腳：

一腿獨立微屈，另一腿繃腳面提膝（隨著功夫的增長，漸漸抬膝貼於胸前），然後以腳外緣為引導，以膝為軸，小腿向外分踢而出，腳尖繃直，小腿初與股平，腰腿好的可達到腳與肩平。

3.踢腳：

一腿獨立微屈，另一腿繃腳面提膝（隨著功夫的增長，漸漸抬膝貼於胸前），然後以腳尖引導，向外彈踢。腳尖繃直，小腿初與股平，腰腿好的可達到腳與肩平。

4.蹬腳：

一腿獨立微屈，另一腿勾腳尖提膝（隨著功夫的增長，漸漸抬膝貼於胸前），然後以腳跟引導，向外蹬出。腳尖上勾，小腿初與股平，腰腿好的可達到腳與肩平。

5.擺蓮腿：

在太極拳套路中只用右腳踢此腿法。但在自己單練時，可作雙腳左右互換練習。一腿獨立微屈，另一腿以腳為引導擺腿外踢，腳尖上翹，雙手或左右先後，或同時拍

擊腳面。

四、腳　法

太極拳之腳法隨步之起落轉換，有踏、踩、勾、掛等法，然此處所講的三種腳法，其重點在於身體的重心轉換。

1.落腳：

在練架中，向前進步落腳，應先用腳跟著地，然後再把重心放入吃重腳的湧泉之下。向後退步，應腳尖先著地，而後再把重心放入吃重腳的湧泉之下。

2.轉腳：

以腳尖引導、腳跟為軸的內扣外轉腳尖，或以腳尖為軸，外擺腳跟。

五、步　法

太極拳的步法、步形與其他拳種相類似。但由於太極拳有練架、用架之別，其步距的大小寬窄也不盡相同。吳圖南師爺所講之練架步法，應就體度量，因人而異。

另外，一般初學者要先求開展，幅度宜大，這樣有利於對腰腿基本功的訓練。而功夫漸深，則著重體會意氣的運行，其幅度可以適當縮小。

1.平行步：

兩腳併列，腳尖平行向前，兩腳外側與肩同寬。

2.弓箭步：

前腿弓出，膝蓋不能超過腳尖，膝之左右側與腳之內外緣相對，重心落於前腳湧泉穴，後腿蹬直。前後腳之寬

度要求有一橫腳的距離。前腳與後腳前後相距一步半。

3.虛步：

後腿彎曲，身體下蹲，胯有折疊，收而勿揚，尾閭正對後腳跟，上身中正如端坐，重心在後腳湧泉穴。

其前腳跟著地，腳尖上翹，前腿舒鬆伸直，兩腳相距為弓箭步一半者，為虛坐步。

其前腿提膝，腳尖點地，腳跟抬起，兩腳相距較虛坐步略小者，為虛丁步。

4.馬步：

又稱騎馬步，兩腳平行分開，中間相距二或三橫腳，身體端坐兩腳中間，兩膝約與腳尖垂直（不能超過腳尖）。裹襠護臀，尾閭中正，重心落入兩腳湧泉。

5.交叉步：

其狀始如弓箭步，又以前腳跟為軸，外擺45°或90°，後腿蹬直，前腳踩實（與其他拳種不同），也有向上跟半步者。

6.下仆步：

兩腳平行，左右分開，相距約三腳有餘，一腿下蹲坐於小腿之上，另一腿仆地伸直，身體坐於後腿上，立身一定要中正安舒。

7.橫襠步：

兩腳平行，腳距大約與馬步、弓步相同，然後一腿弓出，另一腿蹬直，身體重心落於弓腿一側。

8.連枝步：

太極拳架中的連枝步有丁步連枝、併步連枝。在練架中主要為併步連枝。

其兩腳併步下蹲，兩膝相抵，腳尖外擺 45°，前腳為實，後腳為虛，後腳尖抵於前腳內側偏後（即公孫穴附近）。仆地伸直，身體坐於後腿上，為併步連枝。

第 **2** 章

太極拳練架拳勢說明

第一節　太極拳練架方位解

太極拳之方位，一般分為四正四隅，即前、後、左、右、左前、左後、右前、右後。然而筆者個人認為還應加入上下兩方。早在宋譜《心會論》中已將腰脊、猴頭（頂）、地心（腳底）列為練拳練功三大主宰，後世拳家又將「虛領頂勁」和「氣落湧泉」作為訓練的兩大要素。我輩依照先賢之言，細加體研，確有成效。

因此，我們感覺到，在探討太極拳方位問題時，加入上下兩方是十分必要的。

在此，我們為了方便大家，仍然利用八方線法（上下方位在圖中不容易表現），即假定練習者站在中央位置上，面南而立，其前方為南、後方為北、左方為東、右方為西，此乃四正。

另外，其左前方為東南、左後方為東北、右前方為西南、右後方為西北，此乃四隅。其頂上則為上，其腳下則為下。以後講述動作說明，均按照以上表示為準。

除此以外，為學者便於記憶，按各勢動作的用法，冠之以名。因水準有限，有大不盡意處，望讀者鑒諒。

```
                        （後）
                         北
        （右後）西北              東北（左後）

  （右）西         太極勢              東（左）

    （右前）西南        東南（左前）
                   南
                  （前）
```

第二節　太極拳練架各勢名稱次序

第一段

第一勢　太極勢

第二勢　攬雀尾

第三勢　單鞭

第四勢　提手上勢

第五勢　白鶴亮翅

第六勢　摟膝拗步

第七勢　手揮琵琶

第八勢　進步搬攔捶

第九勢　如封似閉

第二段

第　十　勢　抱虎歸山

第十一勢　斜攬雀尾

第十二勢　斜單鞭

第十三勢　肘底看捶

第十四勢　倒攆猴

第十五勢　斜飛勢

第十六勢　提手上勢

第十七勢　白鶴亮翅

第十八勢　摟膝拗步

第十九勢　海底針

第　二十　勢　山通背

第二十一勢　撇身捶

第二十二勢　退步搬攔捶

第二十三勢　上步攬雀尾

書中所講的注意要點僅供初學者參考。

第一段

第一勢　太極勢

圖1

【動作說明】

　　兩腳平行，距離與肩同寬，身體自然直立，鬆而不懈；兩臂自然下垂，兩手位於胯兩側，然後手指徐徐上翹，向前舒展伸直，同時坐腕，掌心下按，但不用力。（圖1）

【注意要點】

　　1.此勢是以意調身的關鍵所在，因此，必須利用太極勢調整出虛靈頂勁（所謂頂勁先為虛領，後為虛靈，此體悟之不同也）、涵胸拔背、沉肩墜肘、鬆腰圓襠、鬆胯鬆膝、腳掌平鋪、勁氣鬆落湧泉等體感。

　　2.舌尖上翹，抵住上腭發兒音處。息之於鼻，自然調息，深長細勻，納入丹田。似聽非聽，神凝於耳。練習時用心體會乍隱乍現的體感。

　　3.坐腕、展指、凸掌，切勿使用強勁。

【應用說明】

　　彼雙手握住我腕下按，我揚手指以碰勁應之，令彼失重。

第二勢　攬雀尾

(一)上步掤擠

圖2

【動作說明】

右腿下蹲，身體隨之，重心落於湧泉，左腿前伸，腳跟著地，呈虛坐步；同時，左手掌心向裏，從胯經腹部橫提至胸前；右手掌心向前，按於左前臂內側。（圖2）

【注意要點】

1.隨身下蹲意入湧泉之下，隨即勁氣騰然上翻而腿、而腰、而背，順其勢左臂含掤勁自下而上提到胸前；右手向前推按於左前臂內緣，待右手按於左肱一瞬間，意微後靠，提頂鬆腰，勁氣前蕩，順勢向前打擠勁。

2.在雙手合於胸前時，兩臂要掤圓，兩臂腋下與軀幹要保持有一拳左右的空間，切忌夾肘夾肋。

【應用說明】

彼拳（無論左右）欲擊我胸，我蹲身以右手掤之，繼以左腿勾其踵，同時用左手擠打彼肋或胸。

(二)轉身捋手

【動作說明】

1.蹬右腳，弓左膝，重心落於左腳，上肢外形如前，內勁向前擠出。

【應用說明】

接上動，彼既前失重，急於站穩，我則再乘勢推按，令彼向後仰跌。

第三勢　單　鞭

(一)鉤手提鞭

【動作說明】

接上動。右手以小指為先導逐指回攏，拇指與食指

圖8

相掐，其餘三指皆鬆握於掌心。鉤手垂腕，變為掐拳，鉤手儘量裏扣，使腕部與拳背大約呈 90°為佳；左手變為立掌，撫於右腕內側；同時右腳以跟為軸，腳尖內扣 90°，左腳略向後撤，依然呈弓箭步；面向正西，目平視。（圖8）

【注意要點】

1.右手掐拳，內含勾掛之意。並循右臂內緣，有下沉感。

2.右腳裏扣時，一定要合胯，其膝仍要弓出，並要內含擠意。

3.待動作完成之瞬間，內勁由下上蕩，從右手背而出。

4.務須注意，手足、肩胯、膝肘在動作中要協調一致。

【應用說明】

彼拳擊我，我以右手勾掛，同時出左手分開彼拳，同時以掐拳擊其下頜。

(二) 馬步轉掌

【動作說明】

右手不變；左手立掌，
垂肘展臂，經胸前平畫半
圓，由右向左漸漸撥轉，掌
心向外，停至正東方（左
方）；同時身體也隨之轉
動，呈馬步下蹲。（圖9）

圖9

【注意要點】

1. 隨身體轉向，重心漸
漸改變。意氣鬆落雙腳湧泉，重心在兩腳之間。

2. 內勁沿左臂內緣向外捌撥，自食指逐指變化（也可自
小指開始逐指變化），然後至掌心透勞宮穴而出。

3. 運動完成時，鬆腰提頂，有向四面八方鬆展的感覺。

【應用說明】

接上動：彼手被我右手勾掛，欲後撤逃脫，我跨步扣
腳攔其踵，同時出左掌擊之。

第四勢　提手上勢

(一) 右手掤擠

【動作說明】

身體重心移於左腳，左腿蹲坐，右腿提膝向左收攏，
待行至左腳旁，右腿向前伸出，腳跟著地，腳尖上翹，呈
虛坐步；右手鉤拳變掌，五指鬆張，掌心向裏，做弧狀垂

落腹前，然後向前、向上提
至胸前；左手屈臂回收，正
掌按於右肱內側，兩臂抱
圓。（圖10）

【注意要點】

1. 意隨重心轉換，鬆落
於左腳湧泉穴之下，提頂鬆
腰。勁分上下，其上者，自
脊背循雙臂上掤，待左手按
於右肱時，意微後倚，並有
含勁向前擠之意。

圖10

2. 右腿變步，一定要提膝收胯，只有膝、胯轉換靈
活，步法方能輕健敏捷。

3. 注意兩臂要掤圓，擠勁才能走好。

【應用說明】

彼擊我中路，我以右掌截而採之。彼失重欲抽身後
逃，我速用右臂上掤以拔其根，繼用右肱打擠，左手隨之
以助其勁，並兼防護，令彼仰跌。

(二)併步上提

【動作說明】

右腿前弓，左腳隨之向前併步與右腳齊，呈平行步，
提頂鬆腰，身體漸漸直立；同時右掌旋腕，掌心自內而
下、而前、而上，橫掌提舉至頂上，右臂舉起，肘部微屈
成為半圓；左手下按，至左胯外側，五指向前；面向正
南，雙目平視。（圖11）

圖 11　　　　　　　　　　　圖 12

【注意要點】

　　併步時意落雙腳湧泉，然後提頂鬆腰蹬腳，內勁隨之上下鬆展，身體節節上升。內勁循雙臂而行，右手以小指引導旋腕翻掌，帶動右臂轉動上掤，然後左手下按以掣之。

【應用說明】

　　接上動。彼被我擠之，欲提步後撤，我跟步以掌背擊其下頜，並沾之翻掌外掀，令彼仰跌。

第五勢　白鶴亮翅

(一)亮掌左顧

【動作說明】

上下肢不變；身體自腰以上向左轉 90°；面向正東。

【注意要點】

意落湧泉，勁分上下，右手以食指引導上身左轉，掌

橫掌掌心向下，停至襠前；右手以肩為軸，舒臂自前而下、而後、而上掄以立圓，掌心向裏，五指向前停於右耳旁；同時，右腿屈膝回坐，重心漸漸移於右腳，左腿提膝，腳尖點地，變為虛丁步。（圖17）

【注意要點】

1.意氣鬆落右腳湧泉，隨之提頂鬆腰。注意胯要折疊。

2.左手以小指為先，逐指下領採按勁，最後分佈於掌，且要與意入湧泉相互配合。

3.右手停於耳邊要含戳點之意。

【應用說明】

彼用右手擊我，我以左手摟按彼手，且將右手提至耳邊以待其變。

(五)右手前推

【動作說明】

左腳向前邁半步，將膝弓出，右腳下蹬，呈弓箭步；同時，左手自襠前摟膝而過，停於左膝外側，掌心下按，五指朝前；右臂伸出，旋掌外推，掌心向外，五指朝上，掌與肩平；面向左方（正東），目平視。（圖18）

【注意要點】

1.意歸右腳湧泉，然後弓

圖18

步進身，左腳含蹬踏之意向前伸出，由腳跟至腳趾逐漸落實，隨之重心變至前腳。

2.摟手以掌為軸，由小指開始領勁外捌，逐指變化。向前推手為正掌，以食指引導做螺旋式轉掌。隨後腳向下蹬，在重心變到前腳的同時，右手勁透勞宮穴而發。

【應用說明】

接上動。彼手被我摟掛採住，我再上步攔其踵，並用右手進擊其胸。

(六)右掌下按

【動作說明】

右手自前收臂回摟，經面前及左耳向下畫弧線按之，橫掌掌心向下，停至襠前；左手以肩為軸，舒臂自前而下、而後、而上掄以立圓，掌心向裏，五指向前停於左耳旁；同時，左腿屈膝下坐，重心漸漸移於左腳，右腿提膝，腳尖點地，變為虛丁步。（圖19）

【注意要點】

1.意氣鬆落左腳湧泉，隨之提頂鬆腰。注意胯要折疊。

2.右手以小指為先，逐指下領採按勁，最後分佈於掌，且要與意入湧泉相互配合。

3.左手停於耳邊要含戳點之意。

圖19

彼用左手擊我，我以右手摟按彼手，且將左手提至耳邊以待其變。

(七)左手前推

【動作說明】

右腳向前邁半步，將膝弓出，左腳下蹬，呈弓箭步；同時，右手自襠前摟膝而過，停於右膝外側，掌心

圖20

下按，五指朝前；左臂伸出，旋掌外推，掌心向外，五指朝上，掌與肩平；面向左方（正東），目平視。（圖20）

【注意要點】

1. 意歸左腳湧泉，然後弓步進身，右腳含蹬踏之意向前伸出，由腳跟至腳趾逐漸落實，隨之重心變至前腳。

2. 摟手以掌為軸，由小指開始領勁外捯逐指變化。向前推手為正掌，以食指引導做螺旋式轉掌。隨後腳向下蹬，在重心變到前腳的同時，左手勁透勞宮穴而發。

【應用說明】

接上動。彼手被我摟掛採住，我再上步攔其踵，並用左手進擊其胸。

(八)左掌下按

【動作說明】

左手自前收臂回摟，經面前及右耳向下畫弧線按之，

53

橫掌掌心向下，停至襠前；右手以肩為軸，舒臂自前而下、而後、而上掄以立圓，掌心向裏，五指向前停於右耳旁；同時，右腿屈膝回坐，重心漸漸移於右腳，左腿提膝，腳尖點地，變為虛丁步。（圖21）

圖21

【注意要點】

1.意氣鬆落右腳湧泉，隨之提頂鬆腰。注意胯要折疊。

2.左手以小指為先，逐指下領採按勁，最後分佈於掌，且要與意入湧泉相互配合。

3.右手停於耳邊要含戳點之意。

【應用說明】

彼用右手擊我，我以左手摟按彼手，且將右手提至耳邊以待其變。

(九)右手前推

【動作說明】

左腳向前邁半步，將膝弓出，右腳下蹬，呈弓箭步；同時，左手自襠前摟膝而過，停於左膝外側，掌心下按，五指朝前；右臂伸

圖22

出，旋掌外推，掌心向外，五指朝上，掌與肩平；面向左方（正東），目平視。（圖22）

【注意要點】

1.意歸右腳湧泉，然後弓步進身，左腳含蹬踏之意向前伸出，由腳跟至腳趾逐漸落實，隨之重心變至前腳。

2.摟手以掌為軸，由小指開始領勁外捌，逐指變化。向前推手為正掌，以食指引導做螺旋式轉掌。隨後腳向下蹬，在重心變到前腳的同時，右手勁透勞宮穴而發。

【應用說明】

接上動。彼手被我摟掛採住，我再上步攔其踵，並用右手進擊其胸。

第七勢　手揮琵琶

(一)雙掌回截

【動作說明】

右腿屈膝下蹲，重心後移，左腿提膝後撤半步，腳尖翹起，腳跟著地，呈虛坐狀；同時，右手旋腕立掌，掌心向裏（朝北），五指向上，屈臂墜肘，收至胸前，其拇指與喉齊；左手立掌，掌心向裏（朝南），五指向上，屈臂墜肘，抬至面前，拇指與鼻齊。（圖23）

圖23

【注意要點】

1.意隨坐步回落湧泉，胯要折疊，身要正直，切忌胯部僵硬而造成身體後仰。

2.右手回收時要凹掌心，並要含有沾黏勁，待雙掌置於胸前時則變為裏合勁。

【應用說明】

彼以右手擊我，我雙手回截並用右手沾拿其腕，又用左手橫截其肘。此為斷脈截膜之打法。

(二) 併步掤舉

【動作說明】

左腳向左前方（東北）跨半步，右腳隨之併步，兩腳呈平行步；左手旋腕，掌心向前，五指朝上；右手中指扶按左手脈門，隨著身體漸漸直立，雙手也自胸前舉過頭頂。（圖24）

【注意要點】

併步向前，意鬆落湧泉，腳向下蹬，同時須提頂鬆腰，可體會到身體節節立起。內勁循腰脊而上，順臂內緣掤搓上提透指而發。

【應用說明】

接上動。彼為我擒欲撤身抽肘，我則跟步，順其力掤提上搓。

圖24

（三）鎮胸按搓

【動作說明】

下肢不動；雙手自頭頂漸漸落於胸前，左掌正掌向前方，中指遙與鼻齊；右手仰掌，中指遙對左手脈門，雙手相隔一拳的距離。（圖25）

圖 25

【注意要點】

意向湧泉鬆落，隨之雙手下按，及至胸前，再向前加以搓擊之意。

【應用說明】

接上動。彼被我提起，欲坐身後撤，我則順其力挫按之。

第八勢　進步搬攔捶

（一）丁步右捋

【動作說明】

雙膝下蹲，左腳跟翹

圖 26

起，腳尖點地，右腿下坐，呈虛坐步；同時，左手立掌，掌心向右，捋至右肋旁；右手撫於左脈門；面向左方（正東），目平視。（圖26）

【注意要點】

隨意鬆落湧泉，左手坐腕向右方捋之。

【應用說明】

彼以右手擊我中路，我蹲身以左掌捋之，令彼前傾，以待其變。

圖 27

(二)攔踵外捌

【動作說明】

左腳向前邁半步弓出，右腿蹬直，呈弓箭步；同時，左手立掌，自右肋下而前、而左平走半圓，展臂正掌向外撥捌之，高與肩平；右手撫於左手脈門；面向左方（正東），目平視。（圖 27）

【注意要點】

1.弓步時要變胯，意鬆落湧泉。

2.勁分上下，上者循腰脊，順前臂內緣，用左小指引導捌勁外撥。

【應用說明】

接上勢。彼為我制，急於撤身，我上左腳攔其後踵，更以左臂順勢捌之。

(三)立掌搬捶

【動作說明】

下肢不變；左手旋腕立掌，掌心向右，五指向上。右手攏指握拳，拳心向上，拳背向下。（圖 28）

圖 44　　　　　　　　圖 44 附圖

覺。

2. 翻轉手掌要有採攬鎖拿之意。

3. 連勢中接前勢隨而翻之，不要停頓。

【應用說明】

彼握我右腕，我即旋腕翻掌鎖拿之。彼欲逃，我採攬其臂以候其變。

(三)插掌穿擠

【動作說明】

其勢同第二勢之（四），僅面向西北。左腿蹬直，右膝弓出，成弓箭步；同時，以右手指尖引導，仰掌不變，向正前方穿出；左手按於右手脈門隨之，雙臂伸展，高與肩平；面向西北。（圖 44、圖 44 附圖）

【注意要點】

隨著弓步提頂鬆腰，意向湧泉鬆落；隨蹬腳，勁分上

圖 45　　　　　　　　　圖 45 附圖

下，背微後倚，以右臂走擠勁順出指端。

【應用說明】

　　彼被我採攬鎖拿，重心即失，我則穿（含點戳之意）
而擠之，令彼跌出。

(四)轉掌外捯

【動作說明】

　　其勢同第二勢之（五），僅面向西北。左腿回坐，右
腿漸伸，身體直立，呈虛坐步；同時，右臂以肘為軸，前
臂外旋（盤肘），右手仰掌，由前而右、而後含捯勁平畫
半圓，手指向上，掌心向前，正掌停於右肩側，右臂垂肘
回屈；左手撫於右脈門而隨之，左臂屈收胸前；面向西
北，目平視。（圖 45、圖 45 附圖）

【注意要點】

　　1.右手鬆展旋腕，有掛拿外捯之意，旋臂以右肘為軸

圖 46　　　　　　圖 46 附圖

心，先用拇指引導，逐指轉動。變正掌時用小指引導，逐指轉動，同時引動前臂肌肉群的內動變化。

2.後坐時身體務必保持中正，不要斜肩。注意用意鬆落湧泉的引導。

3.右臂屈肘時，腋下要有一空拳的空間。

【應用說明】

彼以右拳擊我上路，我以右手橈側掛接，並旋掌外捯，令其若擊車輪上，失重而向外跌出。

(五)按掌外推

【動作說明】

其勢同第二勢之（六），僅面向西北。蹬左腿、弓右膝成弓箭步，身體正直，提頂鬆腰；右手掌心向前推按，右臂鬆展伸平，掌與肩齊；左手撫於右脈門而隨之，雙臂沉肩墜肘，微微抱圓。（圖 46、圖 46 附圖）

【注意要點】

1.弓步重心自後漸漸變到前方時，意氣要隨之鬆落於湧泉。

2.隨著蹬腳，氣勁應由腳而腿、而腰，再由腰而脊、而肩、而肘、而腕、而掌，做到節節貫串。

3.勁由腰脊循右臂內緣至掌，以中指引導向前點出，待下肢重心改變之一瞬間，向下坐腕按出，令勁氣直透勞宮穴發出。

【應用說明】

接上動。彼既前失重，急於站穩，我則再乘勢推按，令彼向後仰跌。

第十二勢　斜單鞭

(一)鉤手提鞭

【動作說明】

接上動。其勢同第三勢之（一），僅面向西北。右手以小指為先導逐指回攏，拇指與食指相掐，其餘三指皆鬆握於掌心，鉤手垂腕，變為掐拳，鉤手儘量裏扣，使腕部與拳背大約呈 90°；左手變為立掌，撫於右腕內側；同時，右腳以跟為軸，腳尖內扣，左腳略向後撤，依然呈弓箭步；面向右後方（西北），目平視。（圖47）

【注意要點】

1.右手掐拳，內含勾掛之意。並循右臂內緣有下沉感。

2.右腳裏扣時，一定要合胯，其膝仍要弓出，並要內含擠意。

圖 47　　　　　　　　圖 48

3.待動作完成之瞬間，內勁由下上蕩，從右手背而出。

4.務須注意，手足、肩胯、膝肘在動作中要協調一致。

【應用說明】

彼拳擊我，我以右手勾掛，出左手分開彼拳，同時以搯拳擊其下頜。

（二）馬步轉掌

【動作說明】

目視鉤手（右後，即西北方）；右手不變，左手立掌，垂肘展臂，經胸前平畫半圓，由右向左漸漸撥轉，掌心向外，停至左前方（東南）；同時，身體也隨之轉動，呈馬步下蹲。（圖48）

【注意要點】

1.隨身體轉向，重心漸漸改變。意氣鬆落雙腳湧泉，重心在兩腳之間。

2.內勁沿左臂內緣向外捯撥，自食指逐指變化（也可自小指開始逐指變化），然後至掌心透勞宮穴而出。

3.運動完成時，鬆腰提頂，有向四面八方鬆展的感覺。

【應用說明】

接上動。彼手被我右手勾掛，欲後撤逃脫，我跨步扣腳攔其踵，同時出左掌擊之。

第十三勢　肘底看捶

(一)翻身截擊

【動作說明】

雙手舒指平腕成俯掌，雙臂伸平；以左腳跟為軸，向左轉身180°，提右腳向左前方（東南）擰身上步落腳，左腳尖向正左方（正東），蹬左腿，弓右膝；同時，上肢隨身轉動；面向左方（東南），目視右手；右手伸至左前方，中指大約與鼻齊；左手轉至右後方，中指大約與股齊。（圖49）

【注意要點】

1.轉身時左腳與胯成為一垂直軸線，帶動身體的轉動。

2.內勁循雙臂內緣至掌，左掌向下将採，右掌向前擊按。變弓步後，意向湧泉鬆落。

圖49

【應用說明】

彼自左側擊我中路，我急轉身，用左手攔截下採，並上步，用右手擊其背或頭項。

(二) 擰提獨立

【動作說明】

左手握拳，向裏旋腕盤肘（即以肘為軸懸腕攥拳並向裏旋轉前臂），拳自後而裏、而前、而上，屈肘立前臂，邊擰邊提，拳置左額前，拳面向

圖50

上，拳眼向後，拳、前臂、肘幾成垂直；同時，右手也擰腕握拳，自右肋下橫壓於身體左部，拳面向左，前臂掤圓，橫拳置於左肘下，拳輪與肘相抵；同時，身體前移，提頂立腰，站右腿、提左膝，抵於右手拳輪之下，腳尖上翹；面向左方（正東），目平視。（圖50）

【注意要點】

1. 意鬆落於右腳湧泉。

2. 右腿獨立，提頂、鬆腰、蹬腳，勁分上下，節節貫穿。

3. 上肢順其向上之勢鬆盤雙肘，左手擰提捌拿，隨勢上擊，右手橫拳採之，其前臂掤圓。

4. 左腿提膝需鬆腹收胯，動作要保持中定之勢。

【應用說明】

彼握我右腕，我旋腕擰之、提之、捌之，彼為我拿，我更以橫拳擊其肋，並以膝頂其小腹。

（三）落膝下蹲

【動作說明】

上身不動，右膝下蹲，左膝微屈，左腳落地，腳跟點地，腳尖自然上翹，呈虛坐步。（圖51）

【注意要點】

1.意氣向湧泉鬆落，隨之右腿蹲坐，身體保持中定，節節下落。

圖51

2.右臂微掤，左手下蓋，內勁與腳相合漸入湧泉。

【應用說明】

接上勢。彼為我拿向後撤身，我跟進，以肘蓋擊其胸。

第十四勢　倒攆猴

（一）退步採按(左)

【動作說明】

左手旋腕鬆指，仰掌下落，待與肩平，則以肩為軸，而前、而下、而後、而上迴旋左臂，屈肘側掌置於左耳旁；右手提腕鬆指，俯掌上提後，經左耳、胸腹下摟按至襠前；同時提左膝，後退一步，隨之下坐，重心漸移至左腳，右腳尖翹起，腳跟點地，呈虛坐步。（圖52）

【注意要點】

1.意落左腳湧泉，勁分上下。

圖 52　　　　　　　　　　圖 53

2. 左手旋腕翻掌，以指引動前臂使勁順出。下落後旋要以肘引動採勁。回轉耳邊則以食指領點勁透指而出。

3. 右手提腕含採勁向下摟按。

【應用說明】

彼猛力擊我，我摟採彼拳退身以避其勢。

(二) 弓步推掌

【動作說明】

其勢同第六勢之（七）。右腳向前邁半步，將膝弓出，左腳下蹬，呈弓箭步；同時，右手自襠前摟膝而過，停於右膝外側，掌心下按，五指朝前；左臂伸出旋掌外推，掌心向外，五指朝上，掌與肩平；面向左方（正東），目平視。（圖53）

【注意要點】

1. 意歸左腳湧泉，然後弓步進身，右腳含蹬踏之意向

前伸出，由腳跟至腳趾逐漸落實，隨之重心變至前腳。

2.摟手以掌為軸，由小指開始領勁外捌逐指變化。向前推手為正掌，以食指引導做螺旋式轉掌。隨後腳向下蹬，在重心變到前腳的同時，左手勁透勞宮穴而發。

【應用說明】

接上動。彼手被我摟掛採住，我再上步攔其踵，並用左手進擊其胸。

(三)退步採按（右）

【動作說明】

左手旋腕鬆指回摟，經右耳、胸腹下摟，俯掌按至襠前；右手提腕鬆指，以肩為軸迴旋右臂，自下而後、而上，屈肘側掌置於右耳旁；同時提右膝，後退一步，隨之下坐，重心漸移至右腳，左腳尖翹起，腳跟點地，呈虛坐步。（圖54）

【注意要點】

1.意落右腳湧泉，勁分上下。

2.左手回收，將勁氣漸漸拿回，遂旋腕翻掌，以指引動採勁向下按之。右手回轉耳邊，以食指領點勁透指而出。

【應用說明】

彼猛力擊我，我摟採彼拳退身以避其勢。

圖54

(四)弓步推掌（右）

【動作說明】

其勢同第六勢之（二）。左腳向前邁半步，將膝弓出，右腳下蹬，呈弓箭步；同時，左手自襠前摟膝而過，停於左膝外側，掌心下按，五指朝前；右臂伸出，旋掌外推，掌心向前，五指朝上，掌與肩平；面向左方（正東），目平視。（圖55）

圖55

【注意要點】

1.意歸右腳湧泉，然後弓步進身，左腳含蹬踏之意向前伸出，由腳跟至腳趾逐漸落實，隨之重心變至前腳。

2.摟手以掌為軸，由小指開始領勁外捌逐指變化。向前推手為正掌，以食指引導做螺旋式轉掌。隨後腳向下蹬，在重心變到前腳的同時，右手勁透勞宮穴而發。

【應用說明】

接上動。彼手被我摟掛採住，我再上步攔其踵，並用右手進擊其胸。

(五)退步採按（左）

【動作說明】

右手旋腕鬆指回摟，經左耳、胸腹下摟，俯掌按至襠前；左手提腕鬆指，以肩為軸迴旋左臂，自下而後、而

上，屈肘側掌置於左耳旁；同時提左膝，後退一步，隨之下坐，重心漸移至左腳，右腳尖翹起，腳跟點地，呈虛坐步。（圖56）

圖56

【注意要點】

1.意落左腳湧泉，勁分上下。

2.右手回收，將勁氣漸漸拿回，遂旋腕翻掌，以指引動採勁向下按之。左手回轉耳邊，以食指領點勁透指而出。

【應用說明】

彼猛力擊我，我摟採彼拳退身以避其勢。

(六)弓步推掌(左)

【動作說明】

其勢同第六勢之（七）。右腳向前邁半步，將膝弓出，左腳下蹬，呈弓箭步；同時，右手自襠前摟膝而過，停於右

圖57

膝外側，掌心下按，五指朝前；左臂伸出，旋掌外推，掌心向前，五指朝上，掌與肩平；面向左方（正東），目平視。（圖57）

【注意要點】

1. 意歸左腳湧泉，然後弓步進身，右腳含蹬踏之意向前伸出，由腳跟至腳趾逐漸落實，隨之重心變至前腳。

2. 摟手以掌為軸，由小指開始領勁外捌，逐指變化。向前推手為正掌，以食指引導做螺旋式轉掌。隨後腳向下蹬，在重心變到前腳的同時，左手勁透勞宮穴而發。

【應用說明】

接上動。彼手被我摟掛採住，我再上步攔其踵，並用左手進擊其胸。

第十五勢　斜飛勢

(一)插步下挒

【動作說明】

右腳以跟為軸，腳尖外轉 90°。左腳跟略向左移，重心不變，隨之左肩向前陽靠，身體右轉 90°；同時，左掌側立，旋腕向下撥挒，至右膝前；右掌立掌向上撥挑，提至左肩峰，雙臂右前左後相交抱於胸前；面向左方，目循右掌前視。（圖58）

【注意要點】

1. 轉腳變步、身體右轉，務求中正。然後意落右

圖 58

腳湧泉。

2. 以左肩峰發陽靠勁，並領上身右轉。

3. 左手小指引導轉掌向右下将之。右手以拇指引導向上掤勁截之。

4. 連勢為左手俯掌屈臂，隨著身體的轉動，向右、向後、向左走一平圈後，轉腕翻成仰掌，向右下将之，右手下按以助其勢。

【應用說明】

彼右手擊我中路，我以左手将之，以左肩靠之，更以右手穿之，令其重心散亂。

（二）上步陰靠

【動作說明】

左膝鬆提，向右腳前（正東方）上一步，腳尖朝左前方 45°，向前弓出；右腳蹬直，身體重心移於左腳，呈隅步；同時，左臂送展，掌心向上，在身體前自右下至左上（偏後）伸舉，中指高與左額平，身體以左肩背為主就勢向左後靠出；右手伸臂俯掌向右下撐按，其指約與胯平，以助其勢；目視右手。（圖59）

圖59

【注意要點】

1.上步時要注意腰胯靈活變化。

2.上步後，意落湧泉，勁分上下。左手上翻，右手下撐，形成上下一條線，同時身向左後靠與蹬直之右腿也形成一條線。

3. 隨著翻掌，先肩後背向左後靠之。

【應用說明】

接上動。彼為我捋，欲向後撤身，我急上步攔其踵，更以左肩靠其脇。

第十六勢　提手上勢

(一)右手掤擠

【動作說明】

其勢同第四勢之（一）。身體重心移於左腳，左腿蹲坐；右腿提膝向左收攏，待行至左腳旁，右腿向前伸出，腳跟著地，腳尖上翹，呈虛坐步；右手鉤拳變掌，五指鬆張，掌心向裏，做弧狀垂落腹前，然後向前、向上提至胸前；左手屈臂回收，正掌按於右肱內側，兩臂抱圓。（圖60）

【注意要點】

1.意隨重心轉換，鬆落

圖60

於左腳湧泉穴之下，提頂鬆腰，勁分上下，其上者，自脊背循雙臂上掤，待左手按於右肱時，意微後倚，並有含勁向前擠之意。

2. 右腿變步，一定要提膝收胯，只有膝胯轉換靈活，步法方能輕健敏捷。

3. 注意兩臂要掤圓，擠勁才能走好。

【應用說明】

彼擊我中路，我以右掌截而採之。彼失重欲抽身後逃，我速用右臂上掤以拔其根，繼用右肱打擠，左手隨之以助其勁，並兼防護，令彼仰跌。

(二)併步上提

【動作說明】

右腿前弓，左腳隨之向前併步與右腳齊，呈平行步，提頂鬆腰，身體漸漸直立；同時，右掌旋腕，掌心自內而下、而前、而上，橫掌提舉至頂上，右臂舉起，肘部微屈成為半圓；左手下按至左胯外側，五指向前；面向正南，雙目平視。（圖61）

【注意要點】

併步時意落雙腳湧泉，然後提頂鬆腰蹬腳，內勁隨之上下鬆展，身體節節上升。內勁循雙臂而行，右手以小指引導旋腕翻掌。帶動

圖61

右臂轉動上掤，然後左手下按以掣之。

【應用說明】

接上動。彼被我擠之，欲提步後撤，我跟步以掌背擊其下頜，並沾之翻掌外掤，令彼仰跌。

第十七勢　白鶴亮翅

(一)亮掌左顧

【動作說明】

其勢同第五勢。上下肢不變，身體自腰以上向左轉90°，面向正東。（圖62）

【注意要點】

意落湧泉，勁分上下，右手以食指引導上身左轉，掌含掤勁，而左掌向下採挒，隨身而轉。

【應用說明】

彼雙手按我，我以左手採挒，右手上掤，同時轉身左顧，彼即前跌。

(二)雙掌上擎

【動作說明】

身體向回轉動還原，面向正南；同時，左手中指向上、向左、向右做弧狀上提，掌心向上、向外，翻轉45°，掌心向外，雙手中指

圖62

圖 63

在頂門上方相對，其距與眉齊寬，雙臂攏圓，雙手心向上、向外掤而撐之。（圖63）

【注意要點】

身體回轉，意氣鬆落湧泉，又以左手食指引導，使左掌掤而抒向上方，與右掌指端遙相對應。兩掌勁氣用意貫通，令此勢內外皆呈渾圓狀態。

【應用說明】

接上動。彼為我左顧所制，欲抽身立穩，我則順勢用雙手掀之。

第十八勢　摟膝拗步

（一）左掌下按

【動作說明】

其勢同第六勢。身體下蹲，右腳跟提起，並以腳尖為

圖 64

軸，向左方（正東）轉體 90°，右腿下蹲屈膝，重心移於右腳，左腳提膝向左微移大約一立腳的寬度，腳跟抬起，腳尖點地，呈虛坐步；同時，右臂以肩為軸，舒展自上而前、而下、而後、而上畫一立圓，掌心向裏，五指向前，側掌置於右耳邊；左手自上而右、而後、而下經右耳旋腕變摟為按，再經胸腹做弧狀下按，掌心向下，五指向右，橫於襠前。（圖 64）

【注意要點】

1.意氣鬆落右腳湧泉，隨之提頂鬆腰。注意胯要折疊。

2.左手以小指為先，逐指下領採按勁，最後分佈於掌，且要與意入湧泉相互配合。

3.右手停於耳邊要含戳點之意。

【應用說明】

彼自我左側擊來，我急轉身，以左手摟按彼手，且將右手提至耳邊以待其變。

(二)右手前推

【動作說明】

左腳向前邁半步，將膝弓出，右腳下蹬，呈弓箭步；同時，左手自襠前摟膝而過，停於左膝外側，掌心下按，五指朝前；右臂伸出，旋掌外推，掌心向外，五指朝上，掌與肩平；面向左方（正東），目平視。（圖65）

圖 65

【注意要點】

1.意歸右腳湧泉，然後弓步進身，左腳含蹬踏之意向前伸出，由腳跟至腳趾逐漸落實，隨之重心變至前腳。

2.摟手以掌為軸，由小指開始領勁外捌逐指變化。向前推手為正掌，以食指引導做螺旋式轉掌。隨後腳向下蹬，在重心變到前腳的同時，右手勁透勞宮穴而發。

【應用說明】

接上動。彼手被我摟掛採住，我再上步攔其踵，並用右手進擊其胸。

第十九勢　海底針

(一)右掌截拿

【動作說明】

右手鬆腕垂掌，自前而下、而後、而上走弧線撤肘收

圖66

圖67

至胸前；左手不動按於股旁；同時，右腿後坐，重心移於右腳，左腿提膝後撤半步，腳尖點地停於右腳前，呈虛丁步。（圖66）

【注意要點】

1.鬆腕垂掌，用小指引導逐指變化，從而完成手、腕、臂的鉤掛下採。

2.隨撤步換腳，意向右腳湧泉鬆落，內勁亦隨之鬆墜。

【應用說明】

彼拿我腕，我翻手垂掌反截其腕。

(二)蹲身錯掌

【動作說明】

雙腳不動，身體下蹲；同時，右手垂掌向下直插，停至襠前；左手立掌向上挑點，雙手在胸前垂直交錯，屈肘立前臂，置於胸前，拇指約與喉齊。（圖67）

【注意要點】

1. 身體下蹲，重心在右腳，左腳虛丁，要做到單擺浮擱。

2. 內勁要折疊內轉，右手垂掌以中指引導，隨之蹲身沉腕。左手以中指引導向上點戳，要做到透指而發。

【應用說明】

接上勢。我拿彼腕，且蹲身沉腕以助其勢，令彼前跌，更乘勢以右手戳點其喉。

圖 68

第二十勢　山通背

(一)上步撩陰

【動作說明】

提頂鬆腰，伸左腿向前跨一步，蹬右腿，弓左腿，呈左弓步；同時，右手自下而前而上側掌撩出（拇指內扣，以大魚際部向上提撩），高與鼻齊；左掌隨之立掌撫於右手脈門；面向左方（正東），目平視。（圖 68）

【注意要點】

1. 提頂、鬆腰、蹬腳，勁分上下，隨而起身，體內勁氣節節上升。

2. 內勁乘上升之勢，右手以大魚際部引導，沉肩墜肘，而背、而肩、而肘、而手，節節前催，透掌前緣而

出。左手按之以助其勢。

【應用說明】

接上勢。彼為我拿，欲奪腕撤身，我上步用左手挪開敵手，乘勢用掌撩擊其襠部。

圖69

（二）挒掌擊肋

【動作說明】

左腳以跟為軸，腳尖內扣 90°，右腳微微後撤，隨之身體回坐，體向右轉，面向左前。重心移於兩腳之間，呈馬步；同時，右手旋腕，翻掌上脫，掌心向外自面前舉至頭頂；左手向左上方推按，雙臂挪成一個大的橢圓，雙掌遙遙相對，互助其勢。（圖69）

【注意要點】

1.換步坐身，要穩健，意歸雙腳湧泉，隨之勁分上下。

2.右手旋腕自小指開始逐指變化，托掌先挪後挒，順轉身之勢變化。

3.左手推掌內勁要透勞宮穴而出，雙掌同時外撐猶如開弓，雙指遙遙相對，意氣相接。

4.同時背微微後倚，全身上下相互呼應，要有勁氣圓滿之感。

【應用說明】

接上勢。彼撤身用右拳擊我，我蹲身用右手上挪，向斜上方挒之，並用左手進擊其肋。

第二十一勢　撇身捶

(一)撇身抱肘

【動作說明】

右手展臂俯掌，自額前向右捋之，待臂伸約與肩平，收前臂握拳向下攬拿，俯拳抱於左肋下；左手隨之俯拳抱於右肋下，雙拳左下右上疊抱於胸前；同時，身體重心左移，左腿下蹲，右腿伸直，兩腳平行向前，身體向右撇身合胯；面向右方（正西），目平視。（圖70）

【注意要點】

1.身體左移，意氣向左腳湧泉下落。

2.撇身換腳須從左胯經尾閭、右胯逐點變化。

3.右手下捋攬腕，再俯拳抱肘後，以肘尖引領內勁，左手抱肘助之。

【應用說明】

敵自我右方擊來，我撇身以避其勢，並攬其腕下拿，再用肘勁鎖拿（亦可用肘頂擊其胸、肋）。

(二)蓋捶劈掌

【動作說明】

左腳以跟為軸內扣45°，右腳向右後方（西北）旁開一步，將膝弓出，左腳蹬出，呈

圖70

圖 71

圖 71 附圖

弓箭步；同時，右拳自左肋以肘為軸，旋轉前臂，向下仰拳平砸，沉肩墜肘，前臂平置右肋下；左手自右肘內側立掌，沿右前臂內側向外切出，停至胸前，距左掌根部與右拳面有一橫拳距離。（圖 71、圖 71 附圖）

【注意要點】

1. 撤身開步，意向右腳湧泉鬆落。

2. 右捶蓋砸，且沉肘下引。

3. 左掌立掌，以其外緣引擠勁切出，同時右手將到位，更將背微倚，用右肩領意與左手相合。

【應用說明】

接上動。彼臂為我所拿，欲撤身而逃，我借勢拋開其手，以捶蓋擊其面，復以掌再擊其胸。

第二十二勢　退步搬攔捶

（一）退步搬攔

【動作說明】

右腿提膝後退一步，屈膝後坐，重心落於右腳，左腳尖翹起，腳跟點地，呈虛坐步；同時，右拳沿左臂內側回掛，經胸部停於右肋下；左手立掌回護胸前；面向右方（正西），目平視。（圖72）

【注意要點】

1.退步時要穩，切忌起伏。

2.回坐換步時，意鬆落湧泉。

3.右手向回、向下掛拉之時，其拳輪部要含掛鈎之意。

4.左手立掌，以掌外緣領掤勁上挑。

【應用說明】

彼拳擊我中路，我以右拳掛其來拳。彼欲撤，我乘勢以左掌挑架之。

（二）護肘沖拳

【動作說明】

左腿提膝上半步，將膝弓出，呈弓箭步；右手正拳向前擊出，其高與肩平；面向右方（正西），目平視。（圖73）

圖72

圖 73

圖 74

【注意要點】

1. 換腳變胯務須靈活，意鬆落右腳湧泉，蹬腳令勁分上下。

2. 意微後倚，使內勁由腰脊至肩、至肘節節貫穿，最後透拳而發。

【應用說明】

接上勢。彼為我制，空門大開，我乘勢用拳擊其胸部。

第二十三勢 上步攬雀尾

(一)上步碰拳（連勢為進步抒手）

【動作說明】

上身各部中定不動；右膝鬆提，向前上一步弓出，左腿蹬直，呈弓箭步。（圖74）

【注意要點】

1.上步時要保持上身中定，隨著上步換腳，意歸右腳湧泉。

2.勁分上下，走擠勁透拳而發。

3.連勢則邊上步邊向左下捋之。腰胯步法要轉換靈活，內勁隨手而上下變化。

(二)採攬下拿

【動作說明】

同第二勢之（三）。右手手心向上旋轉或仰掌，左掌手心向下旋轉或俯掌，右手向前含採勁（狀如擇物）下攬，左手中指按於右手脈門，雙手抱於胸前；下肢不變，面向前方。（圖75）

【注意要點】

1.意向左腳湧泉下落，隨之雙手向下採攬，以右手小指引導，逐指旋轉；並帶動前臂肌肉群有逐塊變化的感覺。

2.翻轉手掌要有採攬鎖拿之意。

3.連勢中接前勢隨而翻之，不要停頓。

【應用說明】

彼握我右腕，我即旋腕翻掌鎖拿之。彼欲逃，我採攬其臂以候其變。

(三)插掌穿擠

【動作說明】

同第二勢之（四）。左腿蹬直，右膝弓出，成弓箭步；同時，以右手指尖引導，仰掌不變，向正前方穿出；

圖 75

圖 76

左手按於右手脈門隨之，雙臂伸展，高與肩平；面向正前方。（圖76）

【注意要點】

隨著弓步，提頂鬆腰，意向湧泉鬆落；隨蹬腳，勁分上下，背微後倚，以右臂走擠勁順出指端。

【應用說明】

彼被我採攬鎖拿，重心即失，我則穿（含點戳之意）而擠之，令彼跌出。

（四）轉掌外挒

【動作說明】

同第二勢之（五）。左腿回坐，右腿漸伸，身體直立，呈虛坐步；同時，右臂以肘為軸，前臂外旋（盤肘），右手仰掌，由前而右、而後含挒勁平畫半圓，手指向上，掌心向前，正掌停於右肩側，右臂垂肘回屈；左手撫於右脈

圖 77

門而隨之，左臂屈收胸前；面向正前，目平視。（圖77）

【注意要點】

1.右手鬆展旋腕，有掛拿外捌之意，旋臂以右肘為軸心，先用拇指引導，逐指轉動；變正掌時用小指引導，逐指轉動；同時引動前臂肌肉群的內動變化。

2.後坐時身體務必保持中正，不要斜肩，注意用意鬆落湧泉的引導。

3.右臂屈肘時，腋下要有一空拳的空間。

【應用說明】

彼以右拳擊我上路，我以右手橈側掛接，並旋掌外捌，令其若擊車輪上，失重而向外跌出。

（五）按掌外推

【動作說明】

同第二勢之（六）。蹬左腿、弓右膝成弓箭步，身體

圖 78

正直，提頂鬆腰；右手掌心向前推按，右臂鬆展伸平，掌
與肩齊；左手撫於右脈門而隨之，雙臂沉肩墜肘，微微抱
圓。（圖78）

【注意要點】

1.弓步重心自後漸漸變到前方時，意氣要隨之鬆落於
湧泉。

2.隨著蹬腳，氣勁應由腳而腿、而腰，再由腰而脊、
而肩、而肘、而腕、而掌，做到節節貫串。

3.勁由腰脊循右臂內緣至掌，以中指引導向前點出，
待下肢重心改變之一瞬間，向下坐腕按出，令勁氣直透勞
宮穴發出。

【應用說明】

接上動。彼既前失重，急於站穩，我則再乘勢推按，
令彼向後仰跌。

第二十四勢　單　鞭

圖79

(一)鉤手提鞭

【動作說明】

同第三勢。接上動。右手以小指為先導逐指回攏，拇指與食指相掐，其餘三指皆鬆握於掌心，鉤手垂腕，變為掐拳，鉤手儘量裏扣，使腕部與拳背大約呈 90°；左手變為立掌，撫於右腕內側；同時，右腳以跟為軸，腳尖內扣 90°，左腳略向後撤，依然呈弓箭步；面向正西，目平視。（圖79）

【注意要點】

1.右手掐拳，內含勾掛之意。並循右臂內緣，有下沉感。

2.右腳裏扣時，一定要合胯，其膝仍要弓出，並要內含擠意。

3.待動作完成之瞬間，內勁由下上蕩，從右手背而出。

4.務須注意，手足、肩胯、膝肘在動作中要協調一致。

【應用說明】

彼拳擊我，我以右手勾掛，出左手分開彼拳，同時以掐拳擊其下頜。

（二）馬步轉掌

【動作說明】

右手不變；左手立掌，垂肘展臂，經胸前平畫半圓，由右向左漸漸撥轉，掌心向外，停至正東方（左方）；同時，身體也隨之轉動，呈馬步下蹲。（圖80）

圖80

【注意要點】

1.隨身體轉向，重心漸漸改變。意氣鬆落雙腳湧泉，重心在兩腳之間。

2.內勁沿左臂內緣向外捌撥，自食指逐指變化（也可自小指開始逐指變化），然後至掌心透勞宮穴而出。

3.運動完成時，鬆腰提頂，有向四面八方鬆展的感覺。

【應用說明】

接上動。彼手被我右手勾掛，欲後撤逃脫，我跨步扣足攔其踵，同時出左掌擊之。

第三段

第二十五勢　雲　手

（一）定步下捋

【動作說明】

左臂平展，俯掌下捋，而下、而右、而上走一弧線，

經左胯、小腹後仰掌上提，撫於右手脈門；右臂不動，鉤手張開，五指向上，掌心向右（正西方）；同時身隨左手向右轉動，左腳蹬直，右膝弓出，重心移於右腳，呈弓箭步；面向右方（正西方），目平視。（圖81）

圖81

【注意要點】

1. 意向右腳鬆落。

2. 定勢中用左掌中指領

捋勁下行，右手張開，以小指領捌提之意。連勢為：身體暫時不動。右手變俯掌，而下、而左、而上走一圓弧，經右胯、小腹後仰掌捌提，垂肘立前臂，掌心向裏，五指向上，高與面平。

【注意要點】

1. 意向右腳湧泉鬆落。

2. 做定勢左掌要帶捋勁下行。右手張開，指掌上撥，以小指領捌提之意。

3. 做連勢身先不動，右手變為俯掌，自上而下、而左、而上，走一弧線，經右胯、小腹後改為仰掌捌提，垂肘立前臂，掌心向裏，五指朝上，高與面平。隨後立即向右捌之，至左肩外再變正掌按出。

【應用說明】

彼自我右邊擊來，我以右手接彼臂上。彼撤身順而按之，臂用力下壓，我則將其提捌之後再發之。

（二）左捌右捋

【動作說明】

上身直立，向左方轉動，重心漸漸移至左腳，左腿彎曲，以跟為軸，腳尖轉向左前方（東南）；右腳隨之轉動，待重心完全落到左腳後，提膝上跟，腳尖點地，並於左腳內側（公孫穴處），兩膝相併，呈連枝步

圖 82

（併步連枝）；同時，左手墜肘立前臂，立掌上挑，掌心向裏，五指向上，掌與面平，隨身體左轉，待身體轉到左前方，繼續旋腕轉為立掌，掌心由裏而外，展臂推向左後方（東北），掌與肩平；右手隨身體左轉，然後仰掌上提，撫於左手脈門；此時身軀直立，腳尖向左前方（東南），身體向左方（正東）；手和面向左後（東北），目平視。（圖82）

【注意要點】

1. 做連枝步時意向左腳湧泉鬆落。

2. 隨之腰身轉動，成顧盼之勢。

3. 手隨身轉，左手以拇指引導提捌勁，右手以中指引導下捋勁。待身體轉到位時，意入湧泉，勁分上下，左手轉腕變為推按，右手扶左腕助之。

【應用說明】

彼自我左方擊來，其上者，可捌而按之；其下者，可

将而抛之。

（三）右挒左将

【動作說明】

雙腿下蹲，身體高度不變，右腳以跟為軸，腳尖外擺；左腳以尖為軸，腳跟提起，同時身體向右轉動，面向右方時停止；待重心完全移到右腳後，左腳提起後撤一步，蹬出呈弓箭步；同

圖83

時，雙手上下分開，右手旋腕立掌，掌心向裏，墜肘立前臂，令前臂垂直；左手俯掌向下、向右将之；雙手在身體轉至一半時上下相應護住中線。待身體繼續右轉時，右手旋腕轉掌，掌心由裏而外，向右正掌推出；左手仰掌上提，撫於右腕；面向右方（正西），目平視。（圖83）

【注意要點】

1.身體轉動要有顧盼之勢，換腳意氣漸漸向右腳湧泉鬆落。

2.隨之右手以拇指引導提挒勁，左手以中指引導下将勁。

3.隨身轉動，意歸湧泉，勁分上下，右手轉掌推出，透勞宮穴而發；左手助之。

【應用說明】

彼自右擊我，我轉身以應之。彼擊我下路，我将而抛之。彼擊我上路，我挒而發之。

(四)左捌右将（同本勢之二）

【動作說明】

上身直立，向左方轉動，重心漸漸移至左腳，左腿彎曲，以跟為軸，腳尖轉向左前方（東南），右腳隨之轉動，待重心完全落到左腳後，提膝上跟，其腳尖點地，並於左腳內側（公孫穴處），兩膝相併，呈連枝步（併步連枝）；同時，左手墜肘立前臂，立掌上挑，掌心向裏，五指向上，掌與面平；隨身體左轉，待身體轉到左前方，繼續旋腕轉為立掌，展臂推向左後方（東北），掌與肩平；右手隨身體左轉，然後仰掌上提，撫於左手脈門；此時身軀直立，腳尖向左前方（東南），身體向左方（正東），手和面向左後（東北）；目平視。（圖84）

【注意要點】

1. 做連枝步時意向左腳湧泉鬆落。

2. 隨之腰身轉動，成顧盼之勢。

3. 手隨身轉，左手以拇指引導提捌勁；右手以中指引導下将勁。待身體轉到位時，意入湧泉，勁分上下，左手轉腕變為推按，右手扶左腕助之。

【應用說明】

彼自我左方擊來，其上者，可捌而按之；其下者，

圖84

可捋而抛之。

(五)右挒左捋（同本勢之三）

【動作說明】

雙腿下蹲，身體高度不變，右腳以跟為軸，腳尖外擺；左腳以尖為軸，腳跟提起，同時身體向右轉動，面向右方時停止；待重心完全移到右腳後，左腳提起後撤一步，蹬出呈弓箭步；同時，雙手上下分開，右手旋腕立掌，掌心向裏，墜肘立前臂，令前臂垂直；左手俯掌向下、向右捋之，雙手在身體轉至一半時上下相應護住中線；待身體繼續右轉時，右手轉掌，向右正掌推出；左手仰掌上提，撫於右腕；面向右方（正西），目平視。（圖85）

【注意要點】

1.身體轉動要有顧盼之勢，換腳意氣漸漸向右腳湧泉鬆落。

2.隨之右手以拇指引導提挒勁，左手以中指引導下捋勁。

3.隨身轉動，意歸湧泉，勁分上下，右手轉掌推出，透勞宮穴而發；左手助之。

【應用說明】

彼自右擊我，我轉身以應之。彼擊我下路，我捋而

圖85

抛之。彼擊我上路，我挒而發之。

（六）左挒右将（同本勢之二）

【動作說明】

上身直立，向左方轉動，重心漸漸移至左腳，左腿彎曲，以跟為軸，腳尖轉向左前方（東南）。同時右腳隨之轉動，待重心完全落到左腳後，提膝上跟，腳尖點地，並於左腳內側（公孫穴處），兩膝相併，呈連枝步（併步連枝）；同時，左手墜肘立前臂，立掌上挑，掌心向裏，五指向上，掌與面平；隨身體左轉，待身體轉到左前方，繼續旋腕轉為立掌，展臂推向左後方（東北），掌與肩平；右手隨身體左轉，然後仰掌上提，撫於左手脈門；此時身軀直立，腳尖向左前方（東南），身體向左方（正東），手和面向左後（東北）；目平視。（圖86）

【注意要點】

1. 做連枝步時意向左腳湧泉鬆落。

2. 隨之腰身轉動，成顧盼之勢。

3. 手隨身轉，左手以拇指引導提挒勁；右手以中指引導下将勁。待身體轉到位時，意入湧泉，勁分上下，左手轉腕變為推按，右手扶左腕助之。

圖86

【應用說明】

彼自我左方擊來，其上者，可挒而按之；其下者，可将而拋之。

(七)右挒左将（同本勢之三）

【動作說明】

雙腿下蹲，身體高度不變，右腳以跟為軸，腳尖外擺；左腳以尖為軸，腳跟提起，同時身體向右轉動，面向右方時停止；待重心完全移到右腳後，左腳提起後撤一步，蹬出呈弓箭步；同時，雙手上下分開，右手旋腕立掌，掌心向裏，墜肘立前臂，令前臂垂直；左手俯掌向下、向右将之，雙手在身體轉至一半時上下相應護住中線；待身體繼續右轉時，右手轉掌，向右正掌推出；左手仰掌上提，撫於右腕；面向右方（正西），目平視。（圖87）

【注意要點】

1.身體轉動要有顧盼之勢，換腳意氣漸漸向右腳湧泉鬆落。

2.隨之右手以拇指引導提挒勁，左手以中指引導下将勁。

3.隨身轉動，意歸湧泉，勁分上下，右手轉掌推出，透勞宮穴而發；左手助之。

圖87

【應用說明】

彼自右擊我，我轉身以應之。彼擊我下路，我捋而拋之。彼擊我上路，我挒而發之。

第二十六勢　單鞭（同第三勢）

（一）鉤手提鞭

【動作說明】

右手以小指為先導逐指回攏，拇指與食指相捏，其餘三指皆鬆握於掌心，變為掐拳，鉤手儘量向裏扣，使腕部與拳背大約呈 90°；左手立掌護扶右腕；右腳以跟為軸，腳尖內扣 90°。左腳略向後撤，依然呈弓箭步；面向右方（正西），目平視。（圖88）

【注意要點】

1. 右手掐拳，內含勾掛之意。並循右臂內緣，有下沉感。

2. 右腳裏扣時，一定要合胯，其膝仍要弓出，並要內含擠意。

3. 待動作完成之瞬間，內勁由下上蕩，從右手背而出。

4. 務須注意，手足、肩胯、膝肘在動作中要協調一致。

圖88

圖 89

【應用說明】

彼拳擊我，我以右手勾掛，出左手分開彼拳，同時以掐拳擊其下頜。

(二) 馬步轉掌

【動作說明】

右手不變；左手立掌，垂肘展臂，經胸前平畫半圓，由右向左漸漸撥轉。掌心向外，停至正東方（左方）；同時，身體也隨之轉動，呈馬步下蹲。（圖89）

【注意要點】

1.隨身體轉向，重心漸漸改變。意氣鬆落雙腳湧泉，重心在兩腳之間。

2.內勁沿左臂內緣向外捌撥，自食指逐指變化（也可自小指開始逐指變化），然後至掌心透勞宮穴而出。

3.運動完成時，鬆腰提頂，有向四面八方鬆展的感

圖 90

覺。

【應用說明】

接上動。彼手被我右手勾掛，欲後撤逃脫，我跨步扣腳攔其踵，同時出左掌擊之。

第二十七勢　右高探馬

(一)右坐步探掌

【動作說明】

右腳以跟為軸，腳尖裏扣 45°，重心右移，身體左轉，雙腿下蹲，左腳收至右腳前，腳尖點地，成虛丁步；同時，右手屈肘收前臂，經右肩、胸前、左肩，最後循左臂內緣向前俯掌切出，中指約與鼻齊；左手旋腕變仰掌，撤肘屈前臂向斜下方回收，仰掌置胸前於右掌下方，雙掌隔一拳距離，雙臂掤圓面向正東。（圖 90）

【注意要點】

1. 重心右移，意落湧泉。左膝提起收成虛丁步。

2. 左手翻掌回收，以肘引導具有向下採拿之意；右手掌外緣有探掌挫打之意。

(二)翻掌上托

【動作說明】

左腳向前邁出半步，右腿蹬出，呈弓箭步；右掌向

圖91

左下方下按，然後鼓蕩回黏；左掌隨之回掛；而後雙掌同時旋腕翻掌，右掌仰掌復切之，左手隨之以助其勢；目視前方。（圖91）

【注意要點】

1. 上步換腳，意入左腳湧泉，勁分上下。

2. 右手以食指引導，向上、向前穿之，左手上托以助之。

第二十八勢　右分腳

(一)抱肘掛膝

【動作說明】

提頂鬆腰，重心移至左腳，左腿直立，右膝提起，高與胸齊（或與股齊），右腳腳尖下垂，呈獨立狀；同時，雙手握俯拳，向左下方回攬，左上右下，前臂相交疊抱於

圖 92

圖 93

左肋前。（圖 92）

【注意要點】

1.意向左腳鬆落，提頂鬆腰，身體節節上引。

2.雙手抱肘時，手走捋勁回攬，以肘尖領採勁鎖拿。

3.右腳上抬時以腳尖引導小腿外捯。

【應用說明】

彼用拳擊我，我右手捋而拿之，同時起膝以擊之。

（二）分掌外踢（或蹬）

【動作說明】

雙掌掤舉過頂，舒拳變掌，右前左後，自下而上、而前（左手而後）、而下走弧線，分掌劈按而出，前後一線，高與肩齊；同時，右腳循右掌向前蹬出（傳統練法為「蹬腳」形式出腳，所以沿襲之），高與股平，或高與肩平；面向左方（正東），目平視。（圖 93）

【注意要點】

1. 蹬腳時腳尖上勾、收腹疊胯，身體中正狀如端坐。

2. 雙掌分開走按勁。

3. 右腳以腳跟引導向外蹬擊。

【應用說明】

接上勢。彼被我拿，欲撤身逃脫，我則順勢踢其腹或肋部。

圖94

第二十九勢　左高探馬

(一)左坐步探掌

【動作說明】

左腿下蹲，右腿收腳下落，腳尖點地，呈虛丁步；同時，左手俯掌循左肩胸前、右肩沿右臂內緣向前撐臂按掌，前臂掤圓，掌向左下方切按，中指高與鼻齊；右手仰掌，撤肘向斜下回收，其肘至肋側，其掌至胸前；兩掌左前右後，相距一立掌長短，雙臂掤圓；面向左方（正東），目平視。（圖94）

【注意要點】

1. 重心左移，意落湧泉。右膝提起，腳尖點地，成虛丁步。

2. 右手翻掌回收，以肘引導，有向下採拿之意；左手

掌外緣有探掌挫打之意。

（二）翻掌上托

【動作說明】

右腳向前邁出半步，左腿蹬出，呈弓箭步；左掌向右下方下按，然後鼓蕩回黏，右掌隨之回掛，而後雙掌同時旋腕翻掌，左掌仰掌復切之，右手隨之以助其勢；目視前方。（圖95）

圖 95

【注意要點】

1. 上步換腳，意入右腳湧泉，勁分上下。

2. 左手以食指引導向上、向前穿之，右手上托以助之。

第三十勢　左分腳

（一）抱肘掛膝

圖 96

【動作說明】

提頂鬆腰，重心移至右腳，右腿直立，左膝提起，高與胸齊（或與股齊），左腳腳尖下垂，呈獨立狀；同時，雙手握俯拳向右下方回攬，右上左下、前臂相交疊抱於右肋前。（圖96）

【注意要點】

1.意向右腳鬆落，提頂鬆腰，身體節節上引。

2.雙手抱肘時，手走捋勁回攬，以肘尖領採勁鎖拿。

3.左腳上抬時以腳尖引導小腿外捌。

【應用說明】

彼用拳擊我，我左手捋而拿之，同時起膝以擊之。

(二)分掌外踢（或蹬）

【動作說明】

雙掌掤舉過頂，舒拳變掌，左前右後，自下而上、而前（右手而後）、而下走弧線，分掌劈按而出，前後一線，高與肩齊；同時，左腳循左掌向前蹬出（傳統練法為「蹬腳」形式出腳，所以沿襲之），高與股平，或高與肩平；面向左方（正東），目平視。（圖97）

【注意要點】

1.蹬腳時腳尖上勾、收腹疊胯，身體中正狀如端坐。

2.雙掌分開走按勁。

3.左腳以腳跟引導向外蹬擊。

【應用說明】

接上勢。彼被我拿，欲撤身逃脫，我則順勢踢其腹或肋部。

圖97

第三十一勢　轉身蹬腳

(一)抱肘轉身

【動作說明】

雙手俯掌攏拳回攬，疊臂抱肘（左上右下），置於右肋側；同時，左腿屈膝提回胸前，小腿垂直，腳尖下垂，右腿獨立狀不變，然後右腳以跟為軸，轉身180°；面向右方（正西），目平視。（圖98）

【注意要點】

1.轉身時腳跟、腰、頭頂要設定中心軸，以保證全身動作的完整一氣與穩定性。

2.轉身時，左腳尖隨之上翹，可以加強身體的穩定性。

【應用說明】

彼自我身後襲來，我立即轉身避而待之。

(二)劈掌蹬腳

【動作說明】

雙掌掤舉過頂，舒拳變掌，左前右後，自下而上、而前（左手而後）、而下走弧線，分掌劈按而出，前後一線，高與肩齊；同時，左腳循左掌向前蹬出，高與股

圖98

平，或高與肩平；面向右方
（正西），目平視。（圖
99）

【注意要點】

1. 蹬腳時腳尖上勾，收
腹疊胯，身體中正，狀如端
坐。

2. 雙掌分開走按勁。

【應用說明】

我以雙手隔開彼拳，起
左腳蹬敵心窩。

圖99

第三十二勢　進步栽捶

(一)落步按掌

【動作說明】

左腿收膝落腳，腳尖點地，右腿蹲坐，呈虛丁步；同
時，左手自前方回摟，經右耳及胸、腹橫掌，掌心向下，
按至襠前；右手以肘為軸，環輪一周，掌心向裏，五指朝
前，停於右耳邊；面向右方（正西），目平視。（圖
100）

【注意要點】

1. 落腿蹲身要穩，意入右腳湧泉，隨之提頂鬆腰。注
意胯要折疊。

2. 左手以小指為先，逐指下領採按勁，最後分佈於
掌，且要與意入湧泉相互配合。

圖 100

圖 101

3.右手停於耳邊要含戳點之意。

【應用說明】

彼用右手擊我，我以左手摟按彼手，且將右手提至耳邊以待其變。

(二)右手前推（同第六勢之二，但面向正西）

【動作說明】

左腳向前邁半步，將膝弓出，右腳下蹬，呈弓箭步；同時，左手自襠前摟膝而過，停於左膝外側，掌心下按，五指朝前；右臂伸出，旋掌外推，掌心向外，五指朝上，掌與肩平；面向右方（正西），目平視。（圖101）

【注意要點】

1.意歸右腳湧泉，然後弓步進身，左腳含蹬踏之意向前伸出，由腳跟至腳趾逐漸落實，隨之重心變至前腳。

2.摟手以掌為軸，由小指開始領勁外捌，逐指變化。

向前推手為正掌，以食指引導做螺旋式轉掌。隨後腳向下蹬，在重心變到前腳的同時，右手勁透勞宮穴而發。

【應用說明】

接上動。彼手被我摟掛採住，我再上步攔其踵，並用右手進擊其胸。

(三)右掌下按（同第六勢之六，但面向正西）

【動作說明】

右手自前收臂回摟，經面前及左耳向下畫弧線按之，橫掌掌心向下，停至襠前；左手以肩為軸，舒臂自前而下、而後、而上掄以立圓，掌心向裏，五指向前，停於左耳旁；同時，左腿屈膝下坐，重心漸漸移於左腳，右腿提膝，腳尖點地，變為虛丁步。（圖102）

【注意要點】

1. 意氣鬆落左腳湧泉，隨之提頂鬆腰。注意胯要折疊。

2. 右手以小指為先，逐指下領採按勁，最後分佈於掌，且要與意入湧泉相互配合。

3. 左手停於耳邊要含戳點之意。

【應用說明】

彼用左手擊我，我以右手摟按彼手，且將左手提至耳邊以待其變。

(四)左手前推（同第六勢之七，但面向正西）

【動作說明】

右腳向前邁半步，將膝弓出，左腳下蹬，呈弓箭步；

圖 102　　　　　　　　圖 103

同時，右手自襠前摟膝而過，停於右膝外側，掌心下按，五指朝前；左臂伸出旋掌外推，掌心向外，五指朝上，掌與肩平；面向右方（正西），目平視。（圖 103）

【注意要點】

1.意歸左腳湧泉，然後弓步進身，右腳含蹬踏之意向前伸出，由腳跟至腳趾逐漸落實，隨之重心變至前腳。

2.摟手以掌為軸，由小指開始領勁外捌，逐指變化。向前推手為正掌，以食指引導做螺旋式轉掌。隨後足向下蹬，在重心變到前足的同時，左手勁透勞宮穴而發。

【應用說明】

接上動。彼手被我摟掛採住，我再上步攔其踵，並用左手進擊其胸。

(五)左掌下按（同第六勢之一，但面向正西）

【動作說明】

左手自前收臂回摟，經面前及右耳向下畫弧線按之，橫掌掌心向下，停至襠前；右手以肩為軸，舒臂自前而下、而後、而上掄以立圓，掌心向裏，五指向前，停於右耳旁；同時右腿屈膝回坐，重心漸漸移於右腳，左腿提膝，腳尖點地，變為虛丁步。（圖104）

【注意要點】

1. 意氣鬆落右腳湧泉，隨之提頂鬆腰。注意胯要折疊。

2. 左手以小指為先，逐指下領採按勁，最後分佈於掌，且要與意入湧泉相互配合。

3. 右手停於耳邊要含戳點之意。

【應用說明】

彼用右手擊我，我以手摟按彼手，且將右手提至耳邊以待其變。

(六)進步栽捶

【動作說明】

左腳向前邁半步，將膝弓出，右腳下蹬，呈弓箭步；同時左手自襠前摟膝而過，右手自耳邊攏指握拳，栽拳（其拳面向下，拳心向內）向下直擊至左膝下，左

圖104

圖 105　　　　　　　　圖 105 附圖

手掌扶於右肘內側，以助其勢。（圖 105、圖 105 附圖）

【注意要點】

1.意鬆落左腳湧泉，勁分上下，其上者自腰脊至肩至肘，最後透拳而發。

2.發拳其意要透拳落地。

【應用說明】

我用左手摟按彼拳，同時出右拳向下砸擊其胸腹。

第三十三勢　翻身撇身捶

(一)撇身抱肘

【動作說明】

左腳以跟為軸，向右回扣 90°，身體自右向後轉；雙手向回抱肘，左上右下置於腹前；同時，左腿下蹲，身體重心於左腿不變，右腿伸直，兩腳平行向前，身體向右撇

身合胯；面向左方（正東），目平視。（圖106）

【注意要點】

1. 身體回轉，意氣隨撇身轉腳，亦從左胯經尾閭、右胯逐點變化。

2. 右手下抒攬腕，再俯拳抱肘後，以肘尖引領內勁，左手抱肘助之。

【應用說明】

敵自我後方擊來，我撇

圖106

身以避其勢，並攬其腕下拿，再用肘勁鎖拿（亦可用肘頂擊其胸、肋）。

（二）蓋捶劈掌（同第二十一勢二，但面向正東）

【動作說明】

左腳以跟為軸內扣45°，右腳向右前方（東南）旁開一步，將膝弓出，左腳蹬出，呈弓箭步；同時，右拳自左肋以肘為軸，旋轉前臂，向下仰拳平砸，沉肩墜肘，前臂平置右肋下；左手自右肘內側立掌，沿右前臂內側向外切出，停至胸前，左掌根部與右拳面有一橫拳距離。（圖107）

【注意要點】

1. 撇身開步，意向右腳湧泉鬆落。

2. 右捶蓋砸，且沉肘下引。

3. 左掌立掌，以其外緣引擠勁切出，同時右手將到位，更將背微倚，用右肩領意與左手相合。

圖 107　　　　　　　　圖 108

【應用說明】

接上動。彼臂為我所拿，欲撤身而逃，我借勢拋開其手，以捶蓋擊其面，復以掌再擊其胸。

第三十四勢　高探馬

（一）上步右探掌

【動作說明】

右腿下蹲，左腳向前上半步，釘於右腳前，呈弓虛丁步；同時，右手屈肘收前臂，經右肩、胸前、左肩，最後循左臂內緣向前俯掌切出，中指約與鼻齊；左手旋腕變仰掌，撤肘屈前臂向斜下方回收，仰掌置胸前於右掌下方，雙掌隔一拳距離，雙臂掤圓面向正東。（圖108）

【注意要點】

1.弓步變虛丁，身法雖變，意氣向右腳湧泉鬆落，氣

宜中定。

2.左手翻掌回收，以肘引導，有向下採拿之意；右手掌外緣有探掌挫打之意。

（二）翻掌上托（同第二十七勢之二）

【動作說明】

左腳向前邁出半步，右腿蹬出，呈弓箭步；右掌向左下方下按，然後鼓蕩回黏，左掌隨之回掛；而後雙掌同時旋腕翻掌，右掌仰掌復切之，左手隨之以助其勢；目視前方。（圖109）

【注意要點】

1.上步換腳，意入左腳湧泉，勁分上下。

2.右手以食指引導，向上、向前穿之，左手上托以助之。

第三十五勢　二起腳

（一）抱肘提膝

【動作說明】

提頂鬆腰，左腳下踩，右膝提起，高與股平或胸平，腳尖下垂，呈獨立狀；同時，雙手抱拳向左下方回攬，左上右下，前臂交疊相抱，停於左脇前。（圖110）

圖109

圖110　　　　　　　　圖111

【注意要點】

以右腳尖引導小腿，含有上掤勁。其餘與前二十八勢相同。

【應用說明】

彼自前來，我抱肘獨立以觀其變。

(二)分掌踢腳

【動作說明】

雙掌掤舉過頂，舒拳變掌，右前左後，自下而上、而前（左手而後）、而下走弧線，分掌劈按而出，前後一線，高與肩齊；同時，右腳循右掌向前蹬出（傳統練法為「蹬腳」形式出腳，所以沿襲之），高與股平，或高與肩平；面向左方（正東），目平視。（圖111）

【注意要點】

1.蹬腳時腳尖上勾、收腹疊胯，身體中正，狀如端坐。

2. 雙掌分開走按勁。

3. 連勢時，可以用踢腳形式，然踢腳時用腳尖引導，腳面伸平，勁透腳趾向外彈發。

4. 本勢應左腳跳起先踢，甫及落地右腳即起，循右臂而踢之，並用手拍腳面清脆有聲。因其彈跳不合定勢鬆沉之練法，故後來漸漸演變為斯。

圖112

【應用說明】

本勢用法與練法有別。其用為：我以左腳踢彼中路，彼用手攬之，我急落左腳，同時抬右腳乘虛踢之。

第三十六勢　打虎勢

(一)仆步採按（左）

【動作說明】

左手掌心向前，以肩為軸，自後而上、而前、而下，俯掌到右掌之前方，右手順勢俯掌，雙掌下捋；繼而左掌內扣，其指與右手指相對，雙臂掤圓，雙掌橫按於襠前；同時，右膝回收，向後跨一大步，腳尖向右落實，左腳內扣 90°，左腿伸直仆步落地，身體坐於右腿上，呈下仆步。（圖112）

【注意要點】

1. 意隨右腳落地，身體層層下落，逐漸落入右腳湧泉。

圖 113　　　　　　　　圖 113 附圖

2.雙手先挒後採，圓臂以左掌為軸，以小指引導磨轉。

3・仆步立身，要保持身體中正。

【應用說明】

敵以左手擊我，我用右手攬其腕，左手截其肘，順勢下挒。彼欲撤肘上抗，我則仆步採按之，令彼跌撲。

(二)提膝掛打（左）

【動作說明】

提頂鬆腰，右腳內扣 45°，收抬左膝，腳尖下垂，右腿漸漸直立，隨之身體轉向左方（正東），呈獨立狀；同時，雙手攏拳，右拳提拳旋臂，自下而後、而上、而左、而前行一半圓，反拳掛於右額上方；左拳屈臂回收，立拳橫臂，拳面向右，拳心向左，向右攢出，至右肋前，左肘停置左膝上，兩手拳眼上下相對；面向左方（正東），目平視。（圖 113、圖 113 附圖）

【注意要點】

1.右腳下踩，左腳提膝掩襠，意落右腳湧泉。

2.隨之身體節節上升，勁分上下，左拳下採，右拳上掛，相斥相引，開合相寓。

3.全身上下內外勁氣渾圓一體。

【應用說明】

接上動。彼為我採，欲順勢靠打，我抽身以左拳下採，並順勢用右拳掛打敵頭。

(三)仆步採按（右）

【動作說明】

右手掌心向前，以肩為軸，自後而上、而前、而下，俯掌到左掌之前方，左手順勢俯掌，雙掌下捋；繼而右掌內扣，其指與左手指相對，雙臂掤圓，雙掌橫按於襠前；同時，左膝回收，向後跨一大步，腳尖向左落實，右腳內扣 90°，右腿伸直仆步落地，身體坐於左腿上，呈下仆步。（圖114）

【注意要點】

1.意隨左腳落地，身體層層下落，逐漸落入左腳湧泉。

2.雙手先捋後採，圓臂以右掌為軸，以小指引導磨轉。

3.仆步立身，要保持身體中正。

圖 114

【應用說明】

敵以右手擊我，我用左手攬其腕，右手截其肘，順勢下捋。彼欲撤肘上抗，我則仆步採按之，令彼跌仆。

(四)提膝掛打（右）

【動作說明】

提頂鬆腰，左腳內扣 45°，收抬右膝，腳尖下垂，左腿漸漸直立，隨之身體轉右方（正東），呈獨立狀；同時，雙手攏拳，左拳提拳旋臂，自下而後、而上、而右、而前行一半圓，反拳掛於左額上方；右拳屈臂回收，立拳橫臂，拳面向左，拳心向右，向左撌出，至左肋前，右肘停置左膝上，兩手拳眼上下相對；面向右方（正東），目平視。（圖 115、圖 115 附圖）

【注意要點】

1.左腳下踩，右腳提膝掩襠，意落左腳湧泉。

圖 115

圖 115 附圖

2.隨之身體節節上升，勁分上下，右拳下採，左拳上掛，相斥相引，開合相寓。

3.全身上下內外勁氣渾圓一體。

【應用說明】

接上動。彼為我採，欲順勢靠打，我抽身以右拳下採，並順勢用左拳掛打敵頭。

圖 116

(五) 抱肘提膝

【動作說明】

提頂鬆腰，左腳下踩，右膝提起，高與股平或胸平，腳尖下垂，呈獨立狀；同時，雙手抱拳向左下方回攬，左上右下，前臂交疊相抱，停於左脇前。（圖116）

(六) 分掌外蹬

【動作說明】

雙掌掤舉過頂，舒拳變掌，右前左後，自下而上、而前（左手而後）、而下走弧線，分掌劈按而出，前後一線，高與肩齊；同時，右腳循右掌向前蹬出，高與股平，或高與肩平；面向左方（正東），目平視。（圖117）

【注意要點】

1.蹬腳時腳尖上勾，收腹疊胯，身體中正，狀如端坐。

圖 117

圖 118

2. 雙掌分開走按勁。

【應用說明】

接上動。彼被我採挒，欲向後撤身，我乘勢用腳蹬其肋。

第三十七勢　雙風貫耳

(一)雙掌下採

【動作說明】

右腳下落，且將膝弓出，重心前移至右腳，左腿蹬直，呈弓箭步；同時，左掌以肩為軸，展臂過頂，自身後按至前方，行於右手旁，然後雙掌下按，停至右膝兩側；面向左方（正東），目平視。（圖118）

【注意要點】

1. 落膝弓步，身體要保持平穩，意落右腳湧泉。

2.隨之雙掌以中指引導向下的採勁。

【應用說明】

彼以雙手擊我胸，我則用雙手採之。

(二)雙拳貫耳

【動作說明】

雙掌繼續向身後捋之，雙臂後伸約與股平（圖119），隨即攏拳旋腕成立拳，拳心向外，拳眼向上（練定勢時可以在此處一停）（圖120）。然後，屈肘自身體兩側，向前合擊，雙拳斜立，食指第二指骨關節相對，高與鼻齊，雙臂墜肘平伸；面向左方（正東），目平視。（圖121）

【注意要點】

1.意落湧泉，勁分上下。

2.雙拳翻轉，要帶動兩臂肌群逐一運動。

3.摜拳時意微後倚，勁自腰背至肩、肘、拳節節發出，雙拳相對，勁氣相連。

【應用說明】

接上動。彼為我捋，雙拳分開，我則乘勢撐開彼臂，用雙拳貫其耳。

第三十八勢　披身踢腳

(一)披身頂肘

【動作說明】

雙拳攬收前臂，左前右後抱肘交叉，同時向東南方側

圖 119

圖 120

圖 121

圖 122

身，抬左肘，用肘尖部向前頂出，高與肩平；同時，右腳以跟為軸外擺 45°，左腳上跟半步蹬直，呈交叉步；面向左方（正東），目平視。（圖 122）

圖 123

【注意要點】

1. 披身換步要輕靈敏捷，隨之意落右腳湧泉。

2. 抱肘時拳與前臂要含捋拿之勁，拳到位，意歸湧泉，勁分上下，以肘尖引導鬆順發出。

【應用說明】

彼用右拳擊我，我披身以左手捋之，乘勢更用左肘擊其肋。

(二) 抱肘獨立

【動作說明】

提頂鬆腰，重心移至右腳，右腿直立，左膝提起，高與胸齊（或與股齊），左腳腳尖下垂，呈獨立狀；同時，雙手握俯拳，向右下方回攬，右上左下，前臂相交疊抱於右肋前。（圖123）

圖 124

【注意要點】

1. 意向右腳鬆落，提頂鬆腰，身體節節上引。

2. 雙手抱肘時，手走捋勁回攬，以肘尖領採勁鎖拿。

【應用說明】

此為承上接下之勢。

(三) 分掌踢腳

【動作說明】

雙掌掤舉過頂，舒拳變掌，左前右後，自下而上、而前（左手而後）、而下走弧線，分掌劈按而出，前後一線，高與肩齊；同時，左腳循左掌向前蹬出，高與股平，或高與肩平；面向左方（正東），目平視。（圖124）

【注意要點】

1. 蹬腳時腳尖上勾，收腹疊胯，身體中正，狀如端坐。

2. 雙掌分開走按勁。

3. 左腳以腳心引勁向外蹬出。

【應用說明】

接上動。彼畏我肘，急就勢向我左前方撤身，我則用左腳裏合踹踢彼肋。

第三十九勢　轉身蹬腳

(一)轉身翻拳

【動作說明】

雙手攏拳，右上左下，交叉抱肘；左膝收回，腳尖下垂，呈獨立狀，然後，用右腳跟為軸，身體自右向後、向前旋轉 360°（圖 125），左腳落向其 270°處（西北），至右腳左後方，屈膝下蹲，全體重心落於左腳，右腳位置不變，腳跟提起，呈虛丁步；雙拳自肋下翻攏，右拳在外，左拳在內，拳背相貼，立拳上掛，至於左耳側；同時，旋腕裏軸，左肘尖至左肋處，前臂直立，右肘隨之左合至胸前；面向左方（正東），目平視。（圖 126、圖 126 附圖）

【注意要點】

1. 轉身時要用左腳帶動身體，收腳時左腳內側要走裏合掛捌之勁。

圖 125

圖 126　　　　　　　　圖 126 附圖

2. 轉身要敏捷，落腳後意入左腳湧泉。

3. 勁分上下，雙拳引掤捯勁上掛，全身上下務求一氣。

【應用說明】

彼用腳踢，我用左腳掛開彼腳，順勢轉身。彼用重拳或用腳踢，我起雙拳掛之。

(二)獨立上提

【動作說明】

提頂鬆腰，左腳下踩，右膝提起，高與股平或胸平，呈獨立狀；同時雙手掛拳不變。（圖127）

【注意要點】

意氣隨左腳下落，身體隨之上升，氣宜中正，貌宜

圖 127

和合。內外自當穩定。

(三) 分掌蹬腳

【動作說明】

雙掌掤舉過頂，舒拳變
掌，右前左後，自下而上、
而前（左手而後）、而下走
弧線，分掌劈按而出，前後
一線，高與肩齊；同時，右
腳循右掌向前蹬出，高與股
平，或高與肩平；面向左方
（正東），目平視。（圖128）

圖 128

【注意要點】

1. 蹬腳時腳尖上勾，收腹疊胯，身體中正，狀如端
坐。

2. 雙掌分開走按勁。

【應用說明】

接上動。彼被我掛開，未及向後撤身，我則上用掌擊
其面，下用腳蹬其胸。

第四十勢　上步搬攔捶

(一) 丁步撫掌

【動作說明】

左腿蹲坐，右腳下落，腳跟著地，呈虛坐步；同時，
左手收至左脇，右手扶於左手脈門。（圖129）

圖 129　　　　　　　　圖 130

【注意要點】

落腳時要穩，勿左右搖晃。

【應用說明】

為承上接下之勢。

（二）進步右捋

【動作說明】

右腳向前進半步，將膝弓出，左腿蹬直；同時，左手立掌，掌心向右捋至右肩前；右手撫於左脈門；面向左方（正東），目平視。（圖 130）

【注意要點】

隨意鬆落湧泉，左手坐腕向右方捋之。

【應用說明】

彼以右手擊我中路，我蹲身以左掌捋之，令彼前傾以待其變。

(三) 攔踵外挒

【動作說明】

左腳向前邁步弓出，右腿蹬直，呈弓箭步；同時，左手立掌，自右肋下而前、而左平走半圓，展臂正掌向外撥挒之，高與肩平；右手撫於左手脈門；面向左方（正東），目平視。（圖131）

圖 131

【注意要點】

1. 弓步時要變胯，意鬆落湧泉。

2. 勁分上下，上者循腰脊，順前臂內緣，用左小指引導挒勁外撥。

【應用說明】

接上勢。彼為我制，急於撤身，我上左腳攔其後踵，更以左臂順勢挒之。

(四) 掛捶護胸

【動作說明】

右腿回坐，重心後移，左腳撤收半步，腳尖翹起，腳跟著地，呈虛坐步；右手握拳，順左臂內緣經胸前向斜下方掛拉，停至於右肋旁，拳面朝前；左手立掌收至胸前，拇指與喉齊；面向左方（正東），目平視。（圖132）

【注意要點】

1. 回坐換步時，意鬆落湧泉。

圖132

圖133

2.隨之右手向回、向下掛拉，其拳輪部要含掛勾之意。

3.左手立掌，以掌外緣領掤勁上挑。

【應用說明】

彼拳擊我中路，我以右拳掛其來拳。彼欲撤，我乘勢以左掌挑架之。

(五) 沖拳護肘

【動作說明】

左腿提膝上半步，將膝弓出，呈弓箭步；右手正拳向前擊出，高與肩平；面向左方（正東），目平視。（圖133）

【注意要點】

1.換腳變胯務須靈活，意鬆落右腳湧泉，蹬腳令勁分上下。

2.意微後倚，使內勁由腰脊至肩、至肘節節貫穿，最後透拳而發。

【應用說明】

接上勢。彼為我制，空門大開，我乘勢用拳擊其胸部。

第四十一勢　如封似閉

動作說明、注意要點、應用說明皆同第九勢。

第四段

第四十二勢　抱虎歸山

動作說明、注意要點、應用說明皆同第十勢。

第四十三勢　斜攬雀尾

動作說明、注意要點、應用說明，皆同第十一勢。

第四十四勢　斜單鞭

動作說明、注意要點、應用說明，皆同第十二勢。

第四十五勢　野馬分鬃

(一)手抱七星

【動作說明】

左腿屈膝下蹲，重心移於左腳，右腳向前上半步，腳跟點地，腳尖上翹，呈虛坐步；同時，雙手垂肘立掌，合抱胸前。右手在前，拇指約與鼻齊，左手在後，拇指約與

圖 134

圖 135

喉齊；面向右方（正西），目隨手動，也轉向右方（正西）。（圖 134）

【注意要點】

1.重心移動，意落左腳湧泉。右腳變動時要提膝，方顯輕靈。

2.雙臂回抱，要如水浮木，鬆而掤之。

【應用說明】

彼自左方來襲，我轉身作勢以待之。

(二)右手下截

【動作說明】

雙腳不變；右手垂掌向左下方将之，至左胯旁，隨之右肩向左轉約 90°；左手立掌，微微前移，至右肩峰前；目視右手。（圖 135）

【注意要點】

1.轉身時要有顧盼，左胯要微微裏合，意要鬆落左腳湧泉。

2.勁分上下，右手以掌外緣領捋勁，左手以掌外緣領掤勁。

3.內勁變化，折疊往復，有開有合，切莫散亂。

【應用說明】

彼用右手猛擊我中路，我側身以避其勢，並用右手攔截彼腕。

(三)右弓步挒靠

【動作說明】

右腳向右後方（西北）斜跨半步，將膝弓出，左腿蹬直，呈橫襠步；同時，左手俯掌圈前臂，向下採按，至右股內側；右手仰掌自下而上向右上方橫臂外展，手臂大約與眉齊；雙手在胸前掌心交錯而過，身隨之向右後方傾身靠出，右臂、左腿幾乎成為一斜線；面向左下方，目視左手。（圖136）

圖136

【注意要點】

1.橫步開襠重心要穩，意向右腳湧泉鬆落。

2.左手俯掌自小指起逐漸下採，至食指再吐掌透勞宮穴而採按之。右手自拇指

引導走挒勁。

3.身隨步換，肩、背根據雙手的開合而引發靠勁。

4.轉身變臉走靠時，其右額不得超過右腳尖，以免失重。

【應用說明】

接上動。彼手被我所截，我上步進身，用右腳管住其左胯左腳，同時右手自其肋下穿進，更用右肩背靠彼左肋，令彼仰跌。

圖 137

(四)左手下截

【動作說明】

右腿弓步不變，右腳以跟為軸，腳尖外擺 45°，左腳不動。身體右轉 130°；同時，右手立掌收至左肩峰前，左手旋腕垂掌移至右股外側；目視左手。（圖 137）

【注意要點】

1.身體右轉，額頭不得超過右腳尖。

2.轉身時要有顧盼，右胯要微微裏合，意要鬆落右腳湧泉。

3.勁分上下，左手以掌外緣領挒勁，右手以掌外緣領掤勁。

4.內勁變化，折疊往復，有開有合，切莫散亂。

【應用說明】

彼用左手猛擊我中路，我側身以避其勢，並用左手攔截彼腕。

(五)左弓步捌靠

【動作說明】

左腳向左前方（西南）斜跨半步，將膝弓出，右腿蹬直，呈橫襠步；同時，右手俯掌圈

圖138

前臂，向下採按，至左股內側；左手仰掌自下而上向左上方橫臂外展，手臂大約與眉齊；雙手在胸前掌心交錯而過，身隨之向左後方傾身靠出，左臂、右腿幾乎成為一斜線。面向右下方；目視右手。（圖138）

【注意要點】

1.橫步開襠重心要穩，意向左腳湧泉鬆落。

2.右手俯掌自小指起逐漸下採，至食指再吐掌透勞宮穴而採按之。左手自拇指引導走捌勁。

3.身隨步換，肩背根據雙手的開合而引發靠勁。

4.轉身變臉走靠時，左額不得超過左腳尖，以免失重。

【應用說明】

接上動。彼手被我所截，我上步進身，用左腳管住其右胯右腳，同時左手自其肋下穿進，更用左肩背靠彼右肋，令彼仰跌。

（六）右手下截

【動作說明】

左腿弓步不變，左腳以跟為軸，腳尖外擺45°，右腳不動。身體左轉130°；同時，左手立掌收至右肩峰前，右手旋腕垂掌移至左股外側；目視右手。（圖139）

圖 139

【注意要點】

1.身體左轉時額頭不得超過左腳尖。

2.轉身時要有顧盼，左胯要微微裏合，意要鬆落左腳湧泉。

3.勁分上下，右手以掌外緣領捋勁，左手以掌外緣領掤勁。

4.內勁變化，折疊往復，有開有合，切莫散亂。

【應用說明】

彼用右手猛擊我中路，我側身以避其勢，並用左手攔截彼腕。

（七）右弓步挒靠

【動作說明】

右腳向右後方（西北）斜跨半步，將膝弓出，左腿蹬直，呈橫襠步；同時，左手俯掌圈前臂，向下採按，至右股內側；右手仰掌自下而上向右上方橫臂外展，手臂大約

與眉齊；雙手在胸前掌心交錯而過，身隨之向右後方傾身靠出，右臂、左腿幾乎成一斜線；面向左下方，目視左手。（圖140）

圖140

【注意要點】

1. 橫步開襠重心要穩，意向右腳湧泉鬆落。

2. 左手俯掌自小指起逐漸下採，至食指再吐掌透勞宮穴而採按之。右手自拇指引導走捋勁。

3. 身隨步換，肩背根據雙手的開合而引發靠勁。

4. 轉身變臉走靠時，右額不得超過右腳尖，以免失重。

【應用說明】

接上動。彼手被我所截，我上步進身，用右腳管住其左胯左腳，同時右手自其肋下穿進，更用右肩背靠彼左肋，令彼仰跌。

第四十六勢　玉女穿梭

(一)手抱七星

【動作說明】

左腿屈膝下蹲，重心移於左腳。右腳向前上半步，腳跟點地，腳尖上翹，呈虛坐步；同時雙手垂肘立掌，合抱胸前，右手在前，拇指約與鼻齊；左手在後，拇指約與喉

圖 141

圖 142

齊；面向右方（正西），目隨手動，也轉向右方（正西）。（圖 141）

【注意要點】

1.重心移動，意落左腳湧泉。右腳變動時要提膝，方顯輕靈。

2.雙臂回抱，要如水浮木，鬆而掤之。

【應用說明】

彼自前方來襲，我抽身作勢以待之。

(二)右手下截前遞

【動作說明】

下肢不變；右手垂掌走弧線将至襠前，左掌前探至原右掌處（圖 142）。然後右腳向前上半步，將膝弓出，左腳蹬直，呈弓箭步；左手俯掌向下走弧下将至身後，約與股平；右手仰掌展臂，自下而上、而前伸到面前，中指約

與鼻平，兩掌於腹前交錯，再前後分開；面向右方（正西），目平視。（圖143）

圖143

【注意要點】

1.意落左腳湧泉，右手隨之向下採捋，左手隨之向上掤擠。

2.換腳後，意落右腳湧泉，左手變為捋採，右手則微含摔砸勁。

【應用說明】

彼以右手擊我中路，我以右手採之下捋，並用左掌擊其面。彼急撤身，我則以右手撩擊之。

（三）左手穿肋

【動作說明】

左腳向右前方（西南）上一步，將膝弓出，右腿蹬直，呈弓箭步；同時，左掌平掌盤肘內圈，經左肋、胸前、右肋後循右臂下緣向右前方（西南）穿出，掌與肩齊；右手翻腕俯掌撫於左手脈門；面向右前方（西南），目平視。（圖144）

【注意要點】

1.上步要輕靈，切勿遲滯。

2.左手盤肘旋臂變換要靈活，要含外挒之勁。

【應用說明】

接上動。彼用左手攔我右手，我則用左手穿挒之。

圖 144

圖 145

(四)捌架外推

【動作說明】

1.右腿後坐，左腿提膝回收半步落於右腳左前，呈虛丁步；左手仰掌以肘為軸，收前臂向後迴旋外捌，立掌停至左肩；右手撫於左手脈門；面向右前方（西南），目平視。（圖145）

圖 146

2.身體、下肢不變；左手掌心向右推至右肩；右手順勢隨之，仍撫於左脈門。（圖146）

3.左腿前跨半步，將膝弓出，右腿蹬直，呈弓箭步；同時，左手旋肘帶動前臂上翻，反掌橫架於額前；右手墜

肘旋腕變為正掌，至左前臂下方正中處，雙手一上一下，自面前向外推按；目透右手而外視。（圖147）

圖147

【注意要點】

1. 身體回坐，意落右腳湧泉。

2. 左手以拇指引導外捯。

3. 右手以中指引導向左捋之。

4. 弓步意落左腳湧泉，勁分上下，隨之左手旋肘翻臂上掤，右掌按出。雙手勁要完整一致。

5. 連勢中左手走捯後，轉肘翻臂上掤，以肘勁引導前臂的變化，學者應細細體會之。

（五）轉身護肋

【動作說明】

左腳以跟為軸，腳尖內扣180°，右胯裏合，左腿屈膝下蹲，左腳與膝呈垂直狀態，右腿伸直，右腳尖外擺約90°，與左腳遙相呼應，同時提頂偷腰，身向右轉270°，其全體重心落於左腳；左掌下落，轉掌推至肩頭，掌心向外，五指向上；右手仰掌旋腕抱於左肋下，雙臂左外右內抱於胸前；面向左前方（東南），目平視。（圖148）

【注意要點】

1. 意落左腳湧泉，隨之左手以拇指引導立掌向肩頭推

圖 148　　　　　　　　　圖 149

按，右手小指隨之逐漸翻轉引前臂向斜下採挒。

　　2.轉身時要保持立身中正，設定頭腰足的中心軸。

　　【應用說明】

　　彼自我身後襲來，我蹲身避之，轉身以待之。

(六)右手穿肋

　　【動作說明】

　　右腳向左前方（東南）上一步，將膝弓出，左腿蹬直，呈弓箭步；同時，右掌平掌自右肋、胸前、向左前方（東南）穿出，掌與肩齊；左手翻腕俯掌撫於右手脈門；面向左前方（東南），目平視。（圖149）

　　【注意要點】

　　1.上步要輕靈，切勿遲滯。

　　2.右手盤肘旋臂變換要靈活，要含外挒之勁。

【應用說明】

接上動。我用左手攔住彼手，又用右手穿捌之。

(七)捌架外推

【動作說明】

1. 左腿後坐，右腿提膝回收半步落於左腳右前，呈虛丁步；右手仰掌以肘為軸，收前臂向後迴旋外捌，立掌停至右肩，左手撫於右手脈門；面向左前方（東南），目平視。（圖150）

圖 150

2. 身體、下肢不變；右手掌心向左推至左肩，左手順勢隨之，仍撫於右脈門。（圖151）

3. 右腳前跨半步，將膝弓出，左腿蹬直，呈弓箭步；同時，右手旋肘帶動前臂上翻，反掌橫架於額前；左手墜肘旋腕變為正掌，至右前臂下方正中處，雙手一上一下，自面前向外推按；目透左手而外視。（圖152）

【注意要點】

1. 身體回坐，意落左腳湧泉。

2. 右手以拇指引導外捌。

3. 左手以中指引導向右捋之。

4. 弓步意落右腳湧泉，勁分上下，隨之右手旋肘翻臂上掤，左掌按出。雙手勁要完整一致。

5. 連勢中右手走捌後，轉肘翻臂上捌，以肘勁引導前臂的變化，學者應細細體會之。

圖 151

圖 152

（八）手抱七星

【動作說明】

左腿屈膝下蹲，重心移
於左腳，右腳向前上半步，
腳跟點地，腳尖上翹，呈虛
坐步；同時，雙手垂肘立
掌，合抱胸前；右手在前，
拇指約與鼻齊；左手在後，
拇指約與喉齊；面向左方
（正東），目隨手動，也轉
向左方（正東）。（圖153）

圖 153

【注意要點】

1.重心移動，意落左腳湧泉。右腳變動時要提膝，方
顯輕靈。

圖 154　　　　　　　圖 155

2. 雙臂回抱，要如水浮木，鬆而掤之。

【應用說明】

彼自前方來襲，我抽身作勢以待之。

(九)右手下截前遞

【動作說明】

　　下肢不變；右手垂掌走弧線捋至襠前，左掌前探至原右掌處（圖 154）。然後右腳向前上半步，將膝弓出，左腿蹬直，呈弓箭步；左手俯掌向下走弧下捋至身後，約與股平；右手仰掌展臂，自下而上、而前伸到面前，中指約與鼻平，兩掌於腹前交錯，再前後分開；面向左方（正東），目平視。（圖 155）

【注意要點】

　　1. 意落左腳湧泉，右手隨之向下採捋，左手隨之向上掤擠。

2.換腳後，意落右腳湧泉，左手變為捋採，右手則微含摔砸勁。

【應用說明】

彼以右手擊我中路，我以右手採之下捋，並用左掌擊其面，彼急撤身，我則以右手撩擊之。

(十)左手穿肋

圖156

左腳向左後方（東北）上一步，將膝弓出，右腿蹬直，呈弓箭步；同時，左掌平掌盤肘內圈，經左肋、胸前、右肋後循右臂下緣向左後方（東北）穿出，掌與肩齊；右手翻腕俯掌撫於左手脈門；面向左後方（東北），目平視。（圖156）

【注意要點】

1.上步要輕靈，切勿遲滯。

2.左手盤肘旋臂變換要靈活，要含外捌之勁。

【應用說明】

接上動。彼用左手攔我右手，我則用左手穿捌之。

(十一)捌架外推

【動作說明】

1.右腿後坐，左腿提膝回收半步落於右腳左前，呈虛丁步；左手仰掌，以肘為軸，收前臂向後迴旋外捌，立掌停至左肩；右手撫於左手脈門；面向左後方（東北），目

圖 157　　　　　　　　　圖 158

平視。（圖 157）

2.身體、下肢不變；左手掌心向右推至右肩，右手順勢隨之，仍撫於左脈門。（圖 158）

3.左腳前跨半步，將膝弓出，右腿蹬直，呈弓箭步；同時，左手旋肘帶動前臂上翻，反掌橫架於額前；右手墜肘旋腕變為正掌，至左前臂下方正中處，雙手一上一下，自面前向外推按；目透右手而外視。（圖 159）

【注意要點】

1.身體回坐，意落右腳湧泉。

2.左手以拇指引導外捯。

3.右手以中指引導向左将之。

4.弓步意落左腳湧泉，勁分上下，隨之左手旋肘翻臂上掤，右掌按出。雙手勁要完整一致。

5.連勢中左手走捯後，轉肘翻臂上掤，以肘勁引導前臂的變化，學者應細細體會之。

圖 159 圖 160

(十二)轉身護肋

【動作說明】

左腳以跟為軸，腳尖內扣 180°，右胯裏合，左腿屈膝下蹲，左腳與膝呈垂直狀態，右腿伸直，右腳尖外擺約 90°，與左腳遙相呼應；同時提頂偷腰，身向右轉 270°，其全體重心落於左腳；左掌下落，轉掌推至肩頭，掌心向外，五指向上；右手仰掌旋腕抱於左肋下，雙臂左外右內抱於胸前；面向右後方（西北），目平視。（圖 160）

【注意要點】

1.意落左腳湧泉，隨之左手以拇指引導立掌向肩頭推按，右手小指隨之逐漸翻轉引前臂向斜下採捋。

2.轉身時要保持立身中正，設定頭腰足的中心軸。

【應用說明】

彼自我身後襲來，我蹲身避之，轉身以待之。

(十三)右手穿肋

【動作說明】

右腳向右後方（西北）上一步，將膝弓出，左腿蹬直，呈弓箭步；同時，右掌平掌自右肋、胸前、向右後方（西北）穿出，掌與肩齊；左手翻腕俯掌撫於右手脈門；面向右後方（西北），目平視。（圖161）

圖 161

【注意要點】

1.上步要輕靈，切勿遲滯。

2.右手盤肘旋臂變換要靈活，要含外捌之勁。

【應用說明】

接上動。我用左手攔住彼手，又用右手穿捌之。

(十四)捌架外推

【動作說明】

1.左腿後坐，右腿提膝回收半步落於左腳右前，呈虛丁步；右手仰掌，以肘為軸，收前臂向後迴旋外捌，立掌停至右肩；左手撫於右手脈門；面向右後方（西北），目平視。（圖162）

2.身體、下肢不變；右手掌心向左推至左肩，左手順勢隨之，仍撫於右脈門。（圖163）

3.右腳前跨半步，將膝弓出，左腿蹬直，呈弓箭步；

圖 162

圖 163

同時，右手旋肘帶動前臂上翻，反掌橫架於額前，左手墜肘旋腕變為正掌，至右前臂下方正中處，雙手一上一下，自面前向外推按；目透左手而外視。（圖164）

【注意要點】

1. 身體回坐，意落左腳湧泉。

2. 右手以拇指引導外捯。

圖 164

3. 左手以中指引導向右捋之。

4. 弓步意落右腳湧泉，勁分上下，隨之右手旋肘翻臂上捯，左掌按出。雙手勁要完整一致。

5. 連勢中右手走捯後，轉肘翻臂上掤，以肘勁引導前

臂的變化，學者應細細體會之。

第四十七勢　攬雀尾

動作說明、注意要點、應用說明皆同第二勢。

第四十八勢　單　鞭

動作說明、注意要點、應用說明皆同第三勢。

第五段

第四十九勢　雲　手

動作說明、注意要點、應用說明皆同第二十五勢。

第五十勢　單　鞭

動作說明、注意要點、應用說明皆同第三勢。

第五十一勢　下　勢

(一)弓步劈掌

【動作說明】

身向左轉，面向左方（正東），左膝弓出，右腳跟抬起向外擺 45°。呈弓箭步；同時，左掌旋腕側立，掌心向裏，右手張開，翻腕變為立掌，自後而前從頭上下劈，搭於左腕橈側。（圖 165）

【注意要點】

1.意落於左腳湧泉，劈掌時要保持單鞭的高度。

圖 165

圖 166

2. 右掌以外緣引導向前劈落。

【應用說明】

彼以右手擊我上路，我則以雙手截之。

(二)仆步下引

【動作說明】

右腳以跟為軸，腳尖外（正南）擺 45°，且屈膝下蹲，身體坐於小腿之上，呈下仆步（又稱半步叉）；同時，雙手旋腕側立，左手掌心向外，五指朝前；右手掌心向裏，五指朝前，向下将之，右手将至襠前，左手将至左膝內側；側身而坐，身體向前；面向左方（正東）。（圖166）

【注意要點】

1. 換腳仆步，身體層層下落，意入右腳湧泉。

2. 雙手向下引将勁。

圖 167

圖 168

3. 注意雙腳要踩實，身體要正，切勿前傾。

【應用說明】

接上動。此來勢甚猛，我蹲身将且避之。

(三) 弓步撩靠

【動作說明】

左腳以跟為軸，腳尖翹起，外擺 90°（圖 167），漸漸前弓，右腳微向左扣 90°，右腿漸漸蹬直，身體隨之貼地向前穿靠，隨著弓腿，提頂立腰。呈弓步；同時，雙掌亦側掌貼地向前穿靠，隨立身弓步，左臂屈前臂立掌上挑，停至面前，右手扣腕垂掌至左膝內側，雙手上下垂直；面向左方（正東），目平視。（圖 168）

【注意要點】

1. 進身換腳，意氣漸漸向左腳湧泉鬆落。

2. 左手前穿，引導肩發靠勁（陽靠）。

圖169

圖169附圖

【應用說明】

接上動。我避過來鋒，彼力將盡，我乘勢用肩靠彼膝下，彼急於站穩，我復用左手撩擊其襠。

第五十二勢　金雞獨立

(一)左獨立托掌

【動作說明】

右手向外翻掌，前臂撐圓，掤舉過頂；左手向內翻掌，前臂撐圓，按於襠前；同時，提頂立腰，左腿漸漸站起，右腿隨之將膝提起，膝高過股，腳向內翻，腳尖向上勾挑，呈獨立狀；面向左方（正東），目平視。（圖169、圖169附圖）

【注意要點】

1.用右手帶動右腿上提，同時意落於左腳湧泉。

2. 起立時要提頂鬆腰，勁氣節節上升。

3. 右手從拇指始逐漸翻掌，領掌掤勁上舉。左手從拇指始逐漸翻掌，領採勁逐漸下按。雙手上下分撐，勁氣要圓滿。

4. 右腳向上含勾挑，腳掌則含踏踩之勢。

圖 170

【應用說明】

彼右手擊我上路，我用右手掤之，並用左手切按其小腹。彼若用膝頂我，我則用右腳捌開，復踩其膝及小腿腓骨。

(二)落步穿掌

【動作說明】

右腳落步向前上一步，將膝弓出，左腿蹬直，呈弓箭步；同時，右手自頭上沉肘翻掌，仰掌落至胸前；左手從右手上仰掌平穿，停至於右手約一立拳處；面向左方（正東），目平視。（圖 170）

【注意要點】

1. 落身意歸右腳湧泉。

2. 右手以肘領前臂下掛，左手以中指引領前穿。

【應用說明】

接上動。彼右手被我掤起，欲坐身後撤，我翻掌墜肘掛拿之，更用左手穿其喉。

圖 171　　　　　　　　　圖 171 附圖

(三)右獨立托掌

【動作說明】

左手向外翻掌，前臂撐圓，掤舉過頂。右手向內翻掌，前臂撐圓，按於襠前。同時提頂立腰，左腿漸漸立起，左腿隨之將膝提起，膝高過股，腳向內翻，腳尖向上勾挑，呈獨立狀。面向左方（正東），目平視。（圖171、圖 171 附圖）

【注意要點】

1. 用左手帶動左腿上提，同時意落於右腳湧泉。

2. 起立時要提頂鬆腰，勁氣節節上升。

3. 左手從拇指始逐漸翻掌，領掤勁上舉。右手從拇指始逐漸翻掌，領採勁逐漸下按。雙手上下分撐，勁氣要圓滿。

4. 左腳向上含勾挑，腳掌則含踏踩之勢。

【應用說明】

彼左手擊我上路，我用左手搠之，並用右手切按其小腹，彼若用膝頂我，我則用左腳捌開，復踩其膝及小腿腓骨。

第五十三勢　倒攆猴

動作說明、注意要點、應用說明皆同第十四勢。

第五十四勢　斜飛勢

動作說明、注意要點、應用說明皆同第十五勢。

第五十五勢　提手上勢

動作說明、注意要點、應用說明皆同第四勢。

第五十六勢　白鶴亮翅

動作說明、注意要點、應用說明皆同第五勢。

第五十七勢　摟膝拗步

動作說明、注意要點、應用說明皆同第六勢前兩動。

第五十八勢　海底針

動作說明、注意要點、應用說明皆同第十九勢。

第五十九勢　山通背

動作說明、注意要點、應用說明皆同第二十勢。

第六十勢　撇身捶

動作說明、注意要點、應用說明皆同第二十一勢。

第六十一勢　上步搬攔捶

動作說明、注意要點、應用說明與第二十二勢僅將第一動之退右腳，改為上左腳，其餘皆同。

第六十二勢　上步攬雀尾

動作說明、注意要點、應用說明皆同第二十三勢。

第六十三勢　單　鞭

動作說明、注意要點、應用說明皆同第三勢。

第六十四勢　雲　手

動作說明、注意要點、應用說明皆同第二十五勢。

第六十五勢　單　鞭

動作說明、注意要點、應用說明皆同第三勢。

第六十六勢　撲面掌

(一)右手探掌

【動作說明】

右腳以跟為軸，腳尖裏扣 45°，重心右移，身體左轉，雙腿下蹲，左腳收至右腳前，腳尖點地，成虛丁步；同

時，右手屈肘收前臂，經右肩、胸前、左肩，最後循左臂內緣向前俯掌切出，中指約與鼻齊；左手旋腕變仰掌，撤肘屈前臂向斜下方回收，仰掌置胸前於右掌下方，雙掌隔一拳距離，雙臂掤圓；面向正東。（圖172）

圖172

【注意要點】

1. 重心右移，意落湧泉。左腿提起收成虛丁步。

2. 左手翻掌回收，以肘引導具有向下採拿之意；右手掌外緣有探掌挫打之意。

【應用說明】

彼右拳擊我，我用左手攔之，並用右手擊其頸部。

(二)換掌撲面

【動作說明】

左腳提起，向左前上半步，將膝弓出，右腿蹬直，

圖173

呈弓箭步；同時，右手立掌向左推，至左肩外側；左手旋腕變掌，循右掌背展臂前推，正掌與肩平，此時右手置於左腋之下；面向左方（正東），目平視。（圖173）

【注意要點】

1.弓步進身時，意自右腳轉入左腳湧泉。

2.步隨身換，勁分上下。右手側掌用中指引導採捋勁，左手以中指引導吐掌按出，勁透勞宮。

【應用說明】

接上動。彼畏我擊，以左手架之，我變切掌為採捋，令彼前跌，並用右手擊其面。

圖174

第六十七勢　十字擺蓮

(一)轉身掤手

【動作說明】

左腳以跟為軸，腳尖裏扣135°，身體隨之從右向後轉身，左腿蹲坐不變；右腳腳跟提起，腳尖點地；同時，左手自左向右、向上掤

圖174附圖

舉半圓，橫掌托於頭頂；右手仍立於左腋之下外推；面向右方（正西），目平視。（圖174、圖174附圖）

【注意要點】

1.轉身變步，意鬆落左腳湧泉。

圖 175　　　　　　　　　　圖 176

2.隨之勁分上下，左掌含掤勁上舉，右手則含捋勁旁推。

【應用說明】

彼自身後用右手擊我，我急轉身，用左手掤開以待其變。

(二)右腿擺踢

【動作說明】

左腿漸漸立直，右腿提膝，高與股平，然後以膝為軸向右擺踢，腳尖上翹；同時，左手自頭上向下拍擊外腳面，右手不變。（圖175）

左手拍擊後掌心向右，自前而右、而後伸平；右手側掌，自左而右拍擊右腳裏側；面向右方（正西），目平視。（圖176）

【注意要點】

意鬆落左腳湧泉，勁分上下，右腳先用腳小趾引導向外撥踢，然後轉踝蹬至腳心。

【應用說明】

接上動。我開彼手，以右手拍擊其肋，彼向右閃，我更以擺蓮腿踢之。

第六十八勢　摟膝指襠捶

(一)落步按掌

【動作說明】

右腿收膝落腳，腳尖點地，左腿蹲坐，呈虛丁步；同時，右手自前方回摟，經左耳及胸、腹橫掌，掌心向下，按至襠前；左手以肘為軸，環輪一周，掌心向裏，五指朝前，停於左耳邊；面向右方（正西），目平視。（圖177）

【注意要點】

1.落腿蹲身要穩，意入左腳湧泉。隨之提頂鬆腰。注意胯要折疊。

2.右手以小指為先，逐指下領採按勁，最後分佈於掌，且要與意入湧泉相互配合。

3.左手停於耳邊要含戳點之意。

圖177

圖 178

【應用說明】

彼用左手擊我，我以右手摟按彼手，且將左手提至耳邊以待其變。

(二)摟膝前推

【動作說明】

右腳向前邁半步，將膝弓出，左腳下蹬，呈弓箭步；同時，右手自襠前摟膝而過，停於右膝外側，掌心下按，五指朝前；左臂伸出，旋掌外推，掌心向外，五指朝上，掌與肩平；面向右方（正西），目平視。（圖178）

【注意要點】

1.意歸左腳湧泉，然後弓步進身，右腳含蹬踏之意向前伸出，由腳跟至腳趾逐漸落實，隨之重心變至前腳。

2.摟手以掌為軸，由小指開始領勁外捯逐指變化。向前推手為正掌，以食指引導做螺旋式轉掌。隨後腳向下

圖 179

蹬，在重心變到前腳的同時，左手勁透勞宮而發。

【應用說明】

接上動。彼手被我摟掛採住，我再上步攔其踵，並用左手進擊其胸。

（三）左掌下按

【動作說明】

左手自前收臂回摟，經面前及右耳向下畫弧線按之，橫掌掌心向下，停至襠前；右手以肩為軸，舒臂自前而下、而後、而上掄以立圓，掌心向裏，五指向前，停於右耳旁；同時，右腿屈膝下坐，重心漸漸移於右腳，左腿提膝，腳尖點地，變為虛丁步。（圖 179）

【注意要點】

1.意氣鬆落右腳湧泉，隨之提頂鬆腰。注意胯要折疊。

2.左手以小指為先，逐指下領採按勁，最後分佈於

掌，且要與意入湧泉相互配
合。

3.右手停於耳邊要含戳
點之意。

【應用說明】

彼用右手擊我，我以左
手摟按彼手，且將右手提至
耳邊以待其變。

（六）進步指襠捶

圖 180

【動作說明】

左腳向前邁半步，將膝弓出，右腳下蹬，呈弓箭步；
同時，左手自襠前摟膝而過，右手自耳邊攏指握拳，向斜
下呈 45°角擊之；左手側掌，扶於右肘內側，以助其勢。
（圖 180）

【注意要點】

1.意鬆落左腳湧泉，勁分上下，其上者自腰脊至肩至
肘，最後透拳而發。

2.發拳其意要透拳斜落於地。

【應用說明】

我用左手摟按彼拳，同時出右拳向下擊其襠部。

第六十九勢　上步攬雀尾

動作說明、注意要點、應用說明皆同第二十三勢。

第七十勢　單　鞭

動作說明、注意要點、應用說明皆同第三勢。

第六段

第七十一勢　下　勢

動作說明、注意要點、應用說明皆同第五十二勢。

第七十二勢　上步七星

進步十字外掤

【動作說明】

右手上引，立掌至左掌之前，雙腕相黏，交叉於胸前；同時，提頂立腰，右腿提膝上半步，腳跟著地，腳尖翹起，左腿下坐，呈虛坐步；面向左方（正東），目平視。（圖181）

【注意要點】

起身時意鬆落左腳湧泉，然後提頂立腰，以右手上引，右踝而膝、而胯、而腰，逐節升起，雙手交叉先向上提。至胸前時，背微微後倚。以雙手外緣引擠勁發出。

圖181

【應用說明】

彼拳擊我，我左腿扣住彼腳，同時用雙手十字交叉而迎之，隨掤隨擠令其跌出。

第七十三勢　退步跨虎

(一)退步鎖膝

【動作說明】

右腿提膝後退一步，並蹬直，左腿屈膝不變，呈弓箭步；同時，雙手交叉，扣腕垂掌，落於左膝前；面向左方（正東），目隨手而視。（圖182）

【注意要點】

意向左腳湧泉鬆落，雙手用小指引導扣腕，逐指變化，至食指再引導手背反採之。

圖 182

【應用說明】

彼用腳踢我下路，我則交叉雙手以截之。

(二)搯拳撩掌

【動作說明】

右腿後坐，左腳回撤半步，腳尖點地，呈虛丁步；同時，雙手分開向左右外展，右手自下而右、而上向身體右側上沾提，沉肩墜肘，前臂微屈，手掌側立，掌心向前，五指朝上，中指與眉齊；左手攏指變為搯拳，自下而左、而上向身體左側上提，腕與右手中指平；面向左方（正東），目平視。（圖183、圖183附圖）

【注意要點】

1.意隨換腳變步，鬆落於右腳湧泉。

2.勁分上下，左手攏指要有勾掛，而後再以手背上領，右手從小指開始逐漸變化，引之向上提撩，然後坐腕

圖183

圖183附圖

用掌外緣引導向下按之。

【應用說明】

接上動。我以左手勾掛其踝，更用右手撩擊其肋，還可用左腳點踢其下路。

第七十四勢　轉身雙擺蓮

(一)轉身撲面掌

【動作說明】

左腳提起，腳尖下垂，向內裹膝右轉，右腳跟為軸，身體自右向後旋轉 180°（圖 184），然後左腳向前跨一步，將膝弓出，右腿蹬直，呈弓箭步；同時，右手推向左肩外側，左手旋轉，拳背向下，隨身體轉動而轉肘，循左肋及右手背上，張手變掌向前推出，高與肩平；面向右方（正西），目平視。（圖 185）

圖 184　　　　　　　　　　圖 185

【注意要點】

1.轉身時要用左膝引導身體向後轉動。在此期間要保持好尾閭中正。

2.隨轉身弓步，右手捋向左肩外，勁分上下，左手用按勁推出。

【應用說明】

彼自我身後來攻，我轉身以撲面掌突襲其面。

(二)轉身雙捋手

【動作說明】

1.右手循左臂外展平，雙手向前推出。（圖186、圖186附圖）

2.然後左腳以腳跟為軸，裏扣135°，身體自右向後轉動180°，左腿蹲坐，右腳跟抬起，腳尖點地，呈虛丁步；雙臂平伸，隨身轉動，向右捋之，然後屈臂立掌置身體右

圖186

圖186附圖

圖 187　　　　　　　　圖 187 附圖

側，右手掌心向前，五指朝上，與右耳平；左手掌心向裏，五指向上，置於頭與右手之間；面向左方（正東），目平視。（圖 187、圖 187 附圖）

【注意要點】

轉身後意氣鬆落左腳湧泉，隨之雙手向右走捋勁。

【應用說明】

接上動。彼用右手攔我左手，我用左手循右臂撥其手，並用雙手捋之。

(三)右腿外擺踢

【動作說明】

提頂鬆腰，右腳提起，高與股平，左腿直立微屈，然後右腳以膝為軸，向右擺踢，腳尖上翹，右腿平伸，高與股平或胸平；同時，雙手前伸拍擊腳面（實際應為用腳擺踢雙手）（圖 188）。掌與肩平；面向左方（正東），目

圖 188

圖 189

平視。（圖189）

【注意要點】

意入左腳湧泉，提頂鬆腰，抬膝擺腿，手拍腳時要用腳打手，不要用手夠腳。

【應用說明】

接上動。我用雙手捋開彼手，以腿擺踢其腹，更用雙掌打擊其面。

第七十五勢　彎弓射虎

（一）左右掛捶

【動作說明】

1. 左腿屈膝下蹲，右腿向前上一步，左腿蹬直，呈弓箭步；同時，雙手俯掌握拳，拳眼相對，捋至左肋下。（圖190、圖190附圖）

圖 190　　　　　　　　　圖 190 附圖

2. 然後再循腹至右胯，拳眼相對（圖 191），右肋上提至右耳旁，左手立拳（拳面向前，拳眼向上），右手反掛（拳面向前，拳眼向下），兩拳拳眼依然相對；面向左方（正東），目隨拳而視。（圖 192）

圖 191　　　　　　　　　圖 192

【注意要點】

1.左腿下蹲，意入左腳湧泉。

2.隨之雙拳向左下掛捋。右腿前弓，意向右腳湧泉下落，雙拳掛中帶有掤提。

【應用說明】

彼拳擊我，我用右拳掛之，以待其變。

(二)雙捶前擊

【動作說明】

弓步不變（連勢在動作中完成動作）；雙拳同時向前擊出，左肘向內裹至胸前，左手立拳與胸平，右手反拳前擊高與額平，雙拳拳眼相對；面向左方（正東），目視前方。（圖193）

【注意要點】

意入右腳湧泉，勁分上下，雙拳引導，務求順遂，忌僵忌緊。

【應用說明】

接上動。彼欲撤身，我則乘勢擊之。

第七十六勢 撲面掌

(一)右手探掌

【動作說明】

左腳向前上半步，腳尖點地，右腳蹲坐，重心仍在右腳

圖193

不變，呈虛丁步；同時，右
手屈肘收前臂，經右肩、胸
前、左肩，最後循左臂內緣
向前俯掌切出，中指約與鼻
齊；左手旋腕變仰掌，撤肘
屈前臂向斜下方回收，仰掌
置胸前於右掌下方，雙掌隔
一拳距離，雙臂掤圓；面向
正東。（圖194）

圖 194

【注意要點】

左手翻掌回收，以肘引
導，具有向下採拿之意，右
手掌外緣有探掌挫打之意。

【應用說明】

彼右拳擊我，我用左手
攔之，並用右手擊其頸部。

(二)換掌撲面

【動作說明】

左腳提起，向左前上半
步，將膝弓出，右腿蹬直，
呈弓箭步；同時，右手立掌

圖 195

向左推，至左肩外側；左手旋腕變掌，循右掌背展臂前
推，正掌與肩平，此時右手置於左腋之下；面向左方（正
東），目平視。（圖195）

【注意要點】

1. 弓步進身時，意自右腳轉入左腳湧泉。

2. 步隨身換，勁分上下。右手側掌，用中指引導採挒勁，左手以中指引導吐掌按出，勁透勞宮。

【應用說明】

接上動。彼畏我擊，以左手架之，我變切掌為採挒，令彼前失，並用右手擊其面。

第七十七勢　撇身捶

動作說明、注意要點、應用說明皆同第二十一勢。

第七十八勢　進步高探馬

(一)進步探掌

【動作說明】

左腳向前上一步，將膝弓出，右腿下蹬，呈弓箭步；同時，右手屈肘收前臂，經右肩、胸前、左肩，最後循左臂內緣向前俯掌切出，中指約與鼻齊；左手旋腕變仰掌，撇肘屈前臂向斜下方回收，仰掌置胸前於右掌下方，雙掌隔一拳距離，雙臂掤圓；面向右方（正西）。（圖196）

圖196

【注意要點】

1. 意隨弓箭步的形成，向左腳湧泉鬆落。

2. 左手翻掌回收，以肘引導，具有向下採拿之意；右手掌外緣有探掌挫打之意。

(二)翻掌前穿

圖 197

【動作說明】

右腳向前邁出一步，左腿蹬出，呈弓箭步；雙掌同時翻轉，右掌仰掌前穿，左手隨之撫於脈門，以助其勢；目視前方。（圖 197）

【注意要點】

1. 上步換腳，意入右腳湧泉，勁分上下。

2. 右手以食指引導向上、向前穿之，左手上托以助之。

第七十九勢　上步攬雀尾

(一)採攬下拿

【動作說明】

右手手心向上，左掌手心向下，右手向前含採勁（狀如擇物）下攬，左手中指按於右手脈門，雙手抱於胸前；下肢不變；面向前方。（圖 198）

其餘動作說明、注意要點、應用說明皆同第二十三勢。

圖 198　　　　　　　　圖 199

第八十勢　單　鞭

動作說明、注意要點、應用說明皆同第三勢。

第八十一勢　合太極

(一)起身攏氣

【動作說明】

身體重心移於右腳，左腳提膝向右併步，雙腳與肩同寬，呈平行步，身體節節升起立直；同時，雙手展指俯掌，平圈前臂，將雙手收回胸前，指尖相對，相隔一寸長短；面向前方（正南），目平視。（圖199）

【注意要點】

1.意歸雙腳湧泉，身體自下而上節節上升。

2.雙手內圈掤圓時應以肘領意。

3.雙手指端意氣相接。

【應用說明】

將蓄在體外的氣收回到體內，勿使渙散。

（二）引氣歸元

【動作說明】

雙手自上而下，手指相對向下按，直至丹田（臍下四指三寸）（圖200），然後再向兩側分開，掌心向下，五指朝前，繼續按至兩股旁；面向前方（正南），目平視。（圖201）

【注意要點】

用意引導呼吸，深、長、細、勻漸漸納入丹田，然後分掌下按。繼續向下鬆落到雙腳湧泉。恢復原太極勢的體態。

【應用說明】

將真氣納歸丹田，將濁氣送出湧泉，從而恢復陰陽未判的太極狀態。

圖200

圖201

第 **3** 章

拳心犀燭

第一節　太極拳與中國文化

一、異乎尋常的問題

我幼年的時候，對中國武術的仰慕萌生於古代的俠客傳奇。

由孫悟空的金箍棒，到展雄飛的巨闕劍；由聶政的勇猛無畏，到專諸的俠肝義膽。從而渴望著成為天下第一的武功高手，於是乎苦心尋覓著能夠傳授我武功的人。皇天不負苦心人，終於我能夠有緣結識了吳圖南先生，並承蒙老先生不棄，得以真傳，實屬終生之大幸也。

曾記得在我少年時，有一次師爺捋著鬍子說出了一句出乎我意料之外的話：「天下從沒有第一的拳法，更沒有武功第一的人。」聽完這句話以後，我愣遲遲地呆想了許久……愚鈍的我一想就是幾十年，終於完全明白了話中的含義。

俗語曰「花開自有花落時」，所有的冠軍從沒有終生

不落敗的，更不存在只要學會就能打遍天下無敵手的絕世武功。永無敗落的只有一個，那就是「道」！是師爺臨終時反覆叮嚀的「人死道不能滅」中的「道」。

老子在《道德經》中云：「常無欲以觀其妙，常有欲以觀其徼。」其「徼」者，邊緣也。老子說從「常有欲」上可以瞭解到「道」的表面，從「常無欲」中可以瞭解到事物中的奧妙。這裏的「常有欲」與「常無欲」是一種藏於內而象於外的表裏本末關係。

這種由表及裏的關係各家有著不同的方法：儒家的「克己復禮」、佛家的「打坐入定」、道家的「內守行氣」等等。具體到太極拳術與道的關係來說：表像為其末，是太極拳武事、是武術；透過拳來證道，方能取得層次更深的感悟。而透過其表像深究其本就是「道」。透過道來悟拳，拳方才有不斷的進步。由此推論，在《太極拳論》原注中所謂：「此係武當山張三豐祖師遺論，欲天下豪傑延年益壽，不徒作技藝之末也。」其中的「末技」之論，應解釋為本末之「末」。

故而我個人認為對太極拳武技的研究為的是更深入地瞭解、證悟道的內涵，並非為最劣等之意也。相反地僅僅將太極拳的技擊作用的研究局限在提高打人技巧上，卻又有違於前賢的初衷。

二、「道」的本意是「以天地之心認識世界」

所謂「道」者，有云為天地宇宙之本者；有云天地自然之規律者；有云為「無極」；有云「道者一也」……綜

其所述，道的含義有兩種認識，一種是指世間萬物的本源。另一種道具有道路的意思，一般指事物發展的總規律。

大自然的本源之道體現在宇宙萬物的變化中，而人的本源之道卻在自身的心性裏。據《如來應化史集》的記載，佛祖釋迦牟尼苦修六年，渡尼連禪河，坐菩提樹下經過一連四十八天的證悟，得楞嚴大定，證五眼六神，第七七四十九天凌晨抬頭看遙浩瀚星空，頓悟「性空緣起，緣起性空」而得道。這個「道」是不是包含一切宇宙萬物的空呢？

因為空所以可以包羅萬眾色相，又由於萬眾色相中含有空，故而《心經》中云：「色即是空，空即是色。」由此而論，佛家講究的「大空明」，與「色」是相對的；無「色」即無所謂「空」。

這使我恍惚地遐想到，或許佛祖「緣起性空」所頓悟的，即是我們所談的「有無相生」或「無極而太極」的「道」。而儒家幾千年以來，都是講中庸的，所謂的中，即是不偏不倚。其實質是在色與空，有與無的中軸線上。「道法自然」是道家的宗旨，而孔子在《論語》中提出了「克己復禮為仁」的論點，認為人由不斷地掌握知識提高自身的修養，而達到天人相應的境界。

孔夫子更將物我同體，天人合一的理論簡明地用「天下歸仁」四個字來歸納。其「仁」之本意，我個人理解為乃是儒家追求的「心性之道」。

透過練習太極拳，我終於朦朦朧朧地感悟到「道」的本質，大凡對事物必須掌握其發展規律，方能掌握其變化，徹底地認識其本質。我們順著前人所總結的太極拳修

練規律，就能尋階而上，上升到世間萬物的本源的高度來認識「道」。以這種認識「道」推論，向上可追溯到宇宙天地之始，向下可推到遙遠的將來；大可指之謂天地，小可涵括最小微生物的生物；時空萬物變化無不包含其中。人是宇宙萬物中的一員，其本源之道，與規律之道同樣不能有違於自然規律。

太極拳有一首《四性歸元歌》，其云：「世人不知己之性，何能得知人之性。物性亦如人之性，至如天地亦此性。我賴天地以存身，天地賴我以致局。若能先求知我性，天地受我偏獨靈。」這首詩的內涵飽含著天人相應的思想，而天人相應是中國文化所追求的核心之一，其中心思想就是突出大自然與人類的和諧觀念。這一思想最早見於春秋戰國時期，然而卻是經過兩百多年工業革命物質文明飛速發展的今天，全球都要認真思考的問題。

三、「太極」是「道」的體現

「道生一，一生二，二生三，三生萬物」，故有云「大道無極」者，然又有云「道者一也」，一者太極也，二者各據其理，其理誰是耶？太極拳乃以道悟拳、以拳證道之法，故而明此「道」之原是十分必要的。

周敦頤云「無極而太極」，朱熹在《答陸子沒書》一文中更確切地揭示了這一點，「不言無極，則太極同於一物，而不足為萬物之根。不言太極，則無極淪於空寂，而不能為萬化之根」。其言雖簡，其理至善也。

綜觀天體的形成、生物的進化，均涵括其中。如根據宇宙爆炸形成學說來解釋，宇宙星系的形成是由於氣體的

爆炸所致。宇宙浩瀚無痕，可謂之「無」，然形成宇宙爆炸的能量為氣，卻是無中之有。生物進化論者認為最初的生物來源於海洋，海洋遼闊無際，初無一物，可謂之「無」，然水由氫、氧組成，給原始湯提供了產生單核細胞生物的條件，其條件不斷地轉化引發自身能量的轉變，相繼產生了多核細胞生物、水生動植物、經過演化後轉變成陸地動物直至成為人類。

這些根據條件而轉換的能量卻是「無中之有」。因此，老子即云「有無相生」；佛家即云「空不異色」，具體落實到太極拳中對「太極」的認識，則是周敦頤所謂的「無極而太極」。近代著名太極拳家吳圖南先生更言簡意賅地告誡練習太極拳的人們「無極之中包含著昭然不滅的太極本體」。

透過練習太極拳，我個人體會到「無極」是一種形式，而太極是在這種形式中存在的物質能量。中國古代哲人們認為的氣，是一種物質能量的體現，故曰太極者，氣也。氣中涵陰抱陽，陰中有陽，陽中有陰，虛中有實，實中有虛；剛柔相濟，陰陽相蕩，渾然一氣，沖氣以為和。此沖和之氣，即為太極也。

可以說「無極」無形無像是「道」的存在形式。而太極則是「道」的本源。

什麼是文化？現代釋門中有位有名的淨空法師講述到，「所謂文化，簡單地說，就是文治教化。文化表現於事理方面，則為倫理、道德、法律、宗教、科學、哲學、文藝、史學、風俗、習慣、教育，乃至政治、經濟等等，可以說人類一切生活活動範圍的綜合體就叫做文化」。什

麼是中華文化？中國文化有所謂的三教九流。三教者，儒、道、釋；九流者，儒家、道家、陰陽家、墨家、法家、名家、農家、縱橫家、雜家。後來人們擴大了涵括的範圍，發展為組成了促進社會發展的各行各業。從而各種不同的文化順其自身的發展也就應運而生了。有如山水文化、飲食文化、茶文化、武俠文化、甚至於市井文化等等。然而縱觀中國文化的發展卻是圍繞著儒、釋、道三教之學為主體而形成的。

在中國三教文化發展到宋朝，由對立漸趨融合，其融合之處有一個交匯點，即是「太極」。而周敦頤、邵雍、張載、二程、朱熹所開展的對宇宙存在原理的探討，以一元論為根據，發展了太極學說，並向世人展現了有「天下第一圖」美譽的太極圖。這張由黑白顏色和 S 線組成的簡單得不能再簡單的圖畫，卻揭示著由自然界本身到變化規律的秘密。

由這張圖中，我們可以看到大氣沖和「道的本源」，也可以看到在陰陽魚和 S 線的隱喻裏陰陽對立、平衡、制約、消長、互根……的關係，從中感悟到如何更準確地把握事物發展的總規律。太極學說的發展與太極圖的出現，推動了「太極文化」萌芽的形成，也奠定了張三豐先師集成太極拳的理論基礎。

三豐祖師集各家之大成創太極拳以修身修性。透過練習太極拳，使人心性寧靜得像一湖沒有漪漣的秋水，空明圓通，且具靈動，這就是我們欲求的陰陽相搏，動靜融通的「本源之道」。以此為本，我們再運用「太極之理」去解析繁雜的事物，就能夠十分清晰地掌握其發展規律。因

此即「總規律之道」。

我想《中庸》開篇即言「天命之謂性，率性之謂道」，又云「道者也，不可須臾離也，可離非道也」，大概就是指此而言的吧！同時可見「道」可貫穿人類乃至宇宙發展的始終，超越時空，超越地域，修練人的心性，提高人的潛質，指導人的行為、開發人的能力，從而有利於社會文明的進步、科學技術的發展。

四、太極拳在現代人中的作用

先賢有云：「天地為一大太極，人身為一小太極，人身為太極之體，不可不練太極之拳。本有之靈而重修之，良有以也。」細細品味前人遺訓，用自身的體感去領略太極拳的韻味，用思想去驗證太極學說的真諦，就可以不斷地在心靈上得以昇華。

太極拳以文練由導引、行氣、內視、守一，而達到寂寥之「靜」。由武練勢、勁、鬆、氣的功法；著、勁、氣、神的打法，而逐漸提高自身的武功境界。練習中在形、意、氣的進退抽添、虛實開合等知覺運動的不斷轉化中，體驗著「陰陽」「有無」的相互轉化；經過脫胎換骨的修練，在「有無」之中找到「空」，「空」中同樣含有「靜」其空、靜之中卻含有著巨大的潛能，也就是靈動。故而說太極拳所追求的「靜」是心性的空明通透。在這澄澈空明的心境中，人們的靈魂得到真正淨化，在其中孕育著洞悉一切事物的能力與油然而生的浩然正氣。

兩千年以前，中國古代大思想家孟子提出內養「浩然之氣」。孟子所謂之「浩然之氣」是「至大至剛」的正義

之氣。「其為氣也，至大至剛，以直養而無害，則塞於天地之間。其為氣也，配義與道；無是，餒也。是集義所生者，非義襲而取之也。」（《公孫醜上》）這「浩然之氣」充滿全身，渾身充滿力量，成為行動的內在動力。「浩然之氣」不僅充實於自身，更可充塞於整個天地之間。正如中國著名的民族英雄文天祥在《正氣歌》裏唱述的那樣：「天地有正氣，雜然賦流形。下則為河岳，上則為日星。於人曰浩然，沛乎塞蒼冥。皇路當清夷，含和吐明庭。時窮節乃見，一一垂丹青。」

孟子所說的「善養吾浩然之氣」的方法有很多，在我們來說就是練太極拳。透過太極拳，我們不但鍛鍊了各自的身體，更主要的是修練了人的心性，使自身道德修養得到不斷的提高。由修練漸趨心性寧靜，不受名利的誘惑，使人生來具有的智慧得到充分的開發，因而成為有道之士。由此可見，只有神清氣朗的人方能具有靈性，才能有更深層次的感悟。

這正是《大學》中「此謂知本，此謂知之至也」的所謂「內明」。由「內明」而達到「誠意、正心、修身、齊家、治國、平天下」的外用。否則僅僅局限為對所謂「勇武之術」的理解，除直接對對方的傷害或間接對其他人的指責乃至誹謗外，對人品質的提高可以說是微乎其微了。同時，我也認為不僅是太極拳，而是對整個「武學」觀之以道才是正理。

我經過幾十年對太極拳的修練，終於認識到了太極拳作為武術的一種，其最終目的是對「太極之道」（心性本源的道，與掌握總規律的道）的追求。而吳圖南師爺對我

們所說的「道」，即太極之道——太極文化，最終是浸透著中國五千年發展和兩千多年的文明文化的結晶。所以太極拳祖師李道子在《授秘歌》中精闢地總結出其最終目的是「盡性立命」，它不但鍛鍊人的體魄，而更主要的是不斷修練著人的靈魂。

我們從太極拳的演變過程可以逐漸地體現出「太極之道」的本體。回想太極拳的形成過程，自南北朝就有記載其初為小九天，又為先天拳、三十七，之後又有後天肘法等等。然三豐祖師集各家之大成，若江河彙集成大海，創造出既有導引養生、又能技擊應用的太極拳法。仰慕祖師的心胸與行為，再回顧那些為爭「正宗」「掌門」之舉，豈不有違「道」之本意乎。

綜觀儒、釋、道三學，並不只是人們所想那樣學了儒就做官，學了道就成神仙，修了佛就做菩薩、羅漢。三教之學最終應該落實在其有益於自身修為、有益於社會發展的理論學說上。

而世界的東西方有著各種不同的信仰，相應也會各持不同的宗教學說。然而所有正確的宗教信仰卻都有一個共同的目標，那就是淨化人們的心靈與掌握宇宙自然發展的總規律。自古以來淨化心靈的方法有持咒、有誦經、有懺悔……多種多樣。而我們淨化心靈的方法，就是承襲祖先留下的文化遺產———太極拳。

透過對太極拳的修練，提高對「太極之道」的修為，使人們的身心得到健康的發展，讓人們心情愉快地去工作、去生活。用其另一面辯證地尋求事物發展的規律，不斷地去掌握運用已知去研究探求未知。使我們人類完全不

違背自然規律文明的發展，從而使我們賴以生存的地球更富饒、更美麗。這才是我們現代人運用古人文化太極拳之道的最終目的。

第二節　太極拳的練習要點

一、太極拳中的輕鬆與蓬鬆

1. 輕 鬆

若想既不用力，又能正確地完成動作而不鬆懈，我們首先要做到的就是輕鬆。何謂輕鬆？輕鬆之初，是要求在動作開展的狀態下放鬆肌肉。眾所周知，當身體動作做開展了以後，肌肉自然會產生拮抗運動，這種拮抗運動在意識越強的時候，越會使渾身肌肉緊張。那麼，如何使拮抗狀態下的肌群得到放鬆呢？

我感覺一方面是加強筋骨柔韌性的鍛鍊，另一方面是以動作開展為基礎，用綿綿若存的意念使拮抗運動中的筋骨肌肉得以充分地放鬆。此處之鬆多一分則為卸，少一分則為緊。久而久之則成自然。

年輕人練習太極拳時更應注意，動作必須從開展中求鬆柔，切勿因噎廢食，只怕開展的動作會將肌肉韌帶拉緊而縮小動作幅度，使整體動作鬆懈而不到位，這樣人體骨骼、關節、韌帶、肌肉都得不到相應的鍛鍊，不僅動作成為老人的模樣，更有違於先賢「先求開展，後求緊湊」之訓。

太極拳動作加大，肌肉拮抗運動也會相應地增強，僵

緊的肌肉有礙於我們體內氣血的正常運行。那麼，如何在其狀態下保持氣血的通暢無阻呢？吳圖南先生曾經提出過「順遂」的要領。「順遂」的感覺是在動作中凡遇僵緊而有於己不利之處，即用通順的意念使其放鬆，如此則氣血流通順暢而不滯。而我們感到的四肢能通順得像流通無滯的「管子」，意氣就像水一樣在其中隨勢而往來流行。拳經中所云「氣貫周身不稍滯」即此之謂也。

2. 蓬　鬆

太極泰斗吳圖南先生在「鬆功論」中對鬆功闡述時說到過「蓬鬆」。所謂的「蓬鬆」是對太極拳練習中儘量將自身的本力騰「換」乾淨而產生出一種中空感受的形容。請注意我所用的是「換」，而不是「卸」，因為兩個字之間有著天壤之別。「換」是透過太極拳的鍛鍊將我們的本力逐漸地換成太極勁，而「卸」卻是要我們在練習太極拳時就不要用勁，有意鬆鬆垮垮地做動作，使太極拳無論對養生還是應用都完全喪失了其效應。

這種體感，杜育萬先生在「傳蔣發語」中十分貼切地形容道：「筋骨要鬆，皮毛要攻，節節貫穿，虛靈在中。」隨著功夫的增長，由骨鬆到筋鬆，到肌鬆、腠理鬆，分層鬆開。體內「管子」的直徑就會不斷地變粗，「管壁」也隨之變薄，隨之可產生勁氣臨皮的感覺，這也就是所謂的蓬鬆體感。

另外，我們在練拳之初還要尋求六個面的感覺。所謂六個面的感覺就是在站太極勢的時候，以自身為中心放射性地用意念找出前、後、左、右、上、下六個面，並且隨著呼吸（漸隨內息）而開合，久而久之，使身體如同一個

氣球隨氣體的進出而變化，這大概就是老子「孔德之容」在太極拳中的具體體現吧。

這時，練習的人應在拳架中逐漸有意無意地使呼吸變得深、長、細、勻，與此同時，人體皮毛通透性相應地增強，體呼吸在自然而然之中不斷加大，逐漸管壁自可消失，身體有玲瓏剔透的感覺，六個面的感覺也會「放之則彌於六合，藏之則秘於內」而達到全身透空、內外合一的境界。

二、從進退抽添中體會虛實變化

有了中定的基礎，在四肢中定的狀態下，要有體內的意氣進退抽添。所謂進退是指意、勁、氣的方向，而抽添卻是指意、勁、氣的具體使用。

有了這些才能使虛實變化有了豐富的內容；才能初步地打開太極拳陰陽變化的大門；才能避免出現王宗岳先生在拳論中所說的「雙重」；才能在虛靈中感受樂趣；才能在對待接手中與對方合氣，從而做到與對方連成一體，具備了捨己從人的基本條件。

我們所講的進退抽添乃是經過一段太極拳練習後，在自身體內已經尋找到了蓬鬆的感覺，於是自然地在我們的體內形成了一條通常順遂的通道，順著這種體感，由形體的動作，加以意念指導，引導自身勁氣往來流利地運轉變化，即形成了進退抽添之勢。

當然，練拳之初所用者為意，而後是勁，再是氣，最後發展到神。及至意與氣能隨意流行而無壅滯之時，於實戰之際，自然而然地氣、勁隨神往來，不再有由肢體到大

腦、再到肢體的傳導過程，而完全出於條件反射，此時才真正達到前賢們所說的不用顧盼擬合、信手而應的境界。

所謂「進退抽添」，在練拳的初期階段是以動作為基礎來進行的。大凡所言的「進退」，首先要在體外虛設一點，此點與自身的距離應該根據自身的體質條件以及正氣的強弱而定。

所謂「進」者，是以自身的氣勁由肢體的動作用意念加以誘導到達對應的點上。而「退」就是將達到那個點上的意氣再「抽」拿回體內歸還原處。

應該注意的是，這種意念的應用，要分不同的步驟逐一進行。最初的「抽添」使用意念令外氣往來於兩臂之間；然後再順延到雙腿雙足；當自身能感覺到氣通經緯以後，就自然可以運轉於周身了。

然而，在從體內的「進退抽添」到體外之相應點的一瞬間，有一個往復折疊。關於這個折疊，吳圖南先生曾經形容像人們疊衣服一般是往復相連的。我們在練習太極拳時深深地體會到，只有這樣練習，勁氣的感覺方能完整一體，如溪流匯入江河一樣，潺潺徐行而沒有斷續。

那麼，太極拳之氣的內外交通又是如何進行的呢？記得我在剛剛練拳時，師爺總叮嚀要展指凸掌，關於這一點往往被現在的有些專家們所忽視。或有些人認為強調展指凸掌，會造成手掌和上肢肌肉的緊張，有違於鬆柔，故棄之不以為然。卻不知展指凸掌的竅要在於訓練勞宮穴的開合，開則勁氣隨之「添」且「進」；合則勁氣隨之「抽」而「退」。與其相應的是同時向下鬆沉，使下肢之氣落入湧泉。隨湧泉的開合與地心相接。故而在太極拳《三十七

心會論》中稱「地心」為三個主宰之一。

對於湧泉的開合與人體氣機的聯繫，我們從其穴位的名稱上就可以分析清楚。中國古籍《爾雅‧釋水》中有云，「濫泉正出。正出，湧出也。」其釋云：「濫泉者，正直上出之泉也。」「水泉從下上出曰湧泉。」

醫籍《金針梅花詩鈔》中有著更明確的說明：「掘地及泉泉上湧，州都能化汗能同。」對我們練功者來說，即「精氣如泉水之湧也」。其湧者，我認為在練功中有兩方面的含義，首先隨「添」的意念，從體內用意導氣自湧泉落入地下。

然而從養生角度上來說，所排出體內落入地心的決不能是真氣。因真氣藏於命門，乃為生命之根本，不可輕易走失，故而體內所出之氣，應是在吐濁納清運動中所吐出的濁氣。另一方面，人體的正常氣機升降運動是升清降濁的，假如濁氣不降，清氣必不能升，氣機上逆，即可導致人產生頭目眩暈或吐逆諸症。所以，利用湧泉向外排濁，對人體來說是有益無損的。同時從湧泉所「抽」回來的應該是地之清氣。同樣，與此同時勞宮穴也在開合，開始吐的是濁氣，在合時收回來的自然是自然界中清純之氣了。此即《陰符經》中之所謂「人者，萬物之盜也」。從中正確地理解太極拳的抽添，應是借助拳的動作，來汲取天地之靈氣的。

然而有人會問：「你如何知道借收來的氣對人體是有益的呢？」回答是：「不一定！」此乃先賢在練功前首先要考慮的問題。

從古籍中我們可以瞭解到，他們不但對練習場所的自

然生態環境有著較高的要求，而且對練習場地周圍的自然佈局同樣非常考究。老子在《道德經》中就提出了「谷神不死」的理論，後世道家往往多宗此說來選擇修練場所。

而我在練習中也逐漸體會到選擇練習場所的必然性和必需性。從這裏我們可以充分地認識到，在太極拳的修練中利用「抽添」的方法，不僅限於技擊，更主要的還是立足於養生長壽。

然而「抽添」與「開合」「吞吐」三者，在肢體進退中則為「抽添」，在毛孔開發渾噩一身則為「開合」，在雙方對待氣之場勢中則為「吞吐」。關係互有連帶，也可說屬於異名而同類耳。後當再有別論述之。

三、內氣以靜，外氣以動

一般練習太極拳的人認為，太極拳套路開始進行演練時是動的狀態，而套路完成動作停止則是靜的狀態。或者有人認為，一個動作在進行時是動，其動作完成時則是靜。其實二者所說均不確切。倘若如此，太極拳「靜中觸動動猶靜」，練習太極拳「應如行雲流水」又作何解呢？所以我認為，按古人傳統的練法和其對動靜正確的認識，動與靜應處在同一個時間段上。

大凡道家所謂的「靜」，是要求練功首先要「守神抱一」，而其中所抱的「一」，就是人的元氣，也就是我們所說的「內氣」。內氣養於丹田，處於玄關，歸於命門之內。玄關者，其位置應在臍與命門穴及左右兩脇的十字交叉點上，每息所歸應止於此。閱讀吳圖南先生所著的《宗氣論》，我們知道，中醫認為呼吸天地精華之氣與水穀精

微之氣積於胸中化為宗氣，復養元氣，此即練後天以養先天之說。

在太極功中最初重點是對內氣的養蓄，蓄的氣是不動的，是靜定的。而平時我們講的以意導體、以體導氣、以氣運身，所運使的氣在我們來說則是外氣，它運行於體內，而又能與外在的大自然之氣相互交通。在中醫則屬於衛氣的範疇，《黃帝內經‧素問》所云「上焦開發宣五穀味，薰膚充身澤毛，若霧露之溉」即為衛氣，衛氣循行於皮膚分肉之間，開發皮毛，交通內外，由毛孔與大自然之氣吐納交換，此正與許宣平《三十七心會論》「全體發之於毛」之說相合。

而營氣循於脈內，走十二經十五絡，及至皮部孫絡，然此氣隨動作引導自然流行，切不能妄用意念。當用意氣者，道家修練中有奇經八脈的練法。太極拳中則應隨功法及拳架循學漸進，出於自然而然之中，切勿心躁急進，不但功練不成，反而禍殃自身。

太極拳中形之動靜，就軀幹而言，則必腰為主宰。《十三勢行功解》中云：「心為令，氣為旗，腰為纛。」這說明心為指導，氣則運轉，腰則保持周身的穩定。「纛」者中軍之大旗也。古代作戰中軍大旗不可妄動，動則全軍必亂。顧名思義，腰亦如此。

在完成太極拳的每一個形體動作時，《十三勢歌》中曾經提出「刻刻留心在腰隙」的要點，其中關鍵在於「腰隙」二字。所謂「隙」者，空隙也。細研此語，腰的運動主要是「開合」，而不是「轉動」。腰為主宰，上有頂頭懸，合百會外接於天；下有氣落湧泉，以足踵下接於地。

隨開合而有升降，不能有偏斜之虞。此三者的存在，是維繫著人體重心之關要，保持練拳中正安舒之樞機。拳中之中定在其軸心，軸心定而不動，形體隨意運轉，而身法不失於散亂。肢體關節的運動亦然。

從理論上說，每個關節在轉動中都有一個軸心為中定點。用宇宙星球的自轉與公轉關係來形容練習太極拳時身體各個關節與整體轉動的形式是比較貼切的。這也是吳圖南先生教練「太極鬆功」的目的之一。

在太極拳的對待中，正確的方式是以靜待動。吳圖南師爺所講「氣分陰陽，機先動靜」是彼此兩個方面。在我而言則是神氣籠罩於外，心性靜定於內的。有位「名家」曾說過，對敵時應如怒髮而立，警惕萬分。確切地講那不是太極拳的對待，卻像爭鬥的公雞。

由於我們平時的多方面訓練，在對待時自然神氣與對方交通而合一，此「全身透空」之謂也。以此為基礎，方能有「敷、蓋、對、吞」之變。而我之心性恰似平湖無痕，一覽秋月而無遺。

透過自身的修練，我對李道子祖師所傳的「授秘歌」有如下的體會與理解：「無形無象」是指對待之中不做固定之勢。「全身透空」是謂彼此雙方氣機交通，則無分彼此。「應物自然」是謂用我的潛意識，對待彼之有意識（用我條件反射的過程，對待對方之接觸傳導，大腦反應，傳導動作反應的過程）。「西山懸磬」是謂我以外氣籠罩，納敵於我混沌之氣中。「虎吼猿鳴」是謂我神到氣到，氣隨神行（神為意高級的階段）。「泉清河靜」是謂心性內氣靜定，對方之意氣活動自然如鏡鑒影。「潑海翻

江」是謂外氣活動其勢如滔滔巨瀾，無所阻擋。「盡性立命」是謂對於太極拳並不是僅僅追求高超的武功，更重要的是透過太極拳的修練最終達到性命雙修大造化之境界。

四、沖氣以為和是太極拳的必要狀態

太極拳的核心狀態是什麼呢？有人說是無極，有人說是大空大鬆，有人說……我們知道無極是天地未開的最初狀態，然無中必含有，方具生機，始有萬物。無中之機，乃太極也。故有云：「無極之中，自含有太極昭然不滅之本體。」太極含陰抱陽，為一也。一者，太極之理也。陰陽有變化則天地有清濁，萬物有生機，其理皆因於此也。

人體亦如是。人自父精母血搏而成形，陰陽隨之自然形成，所以，人體本身即為天地大太極中之小太極也。太極拳之修練首先要掌握陰陽之變化，進而把握天地陰陽之氣，調和自身陰陽之氣，此《黃帝內經‧素問》中所云「提挈天地，把握陰陽」之要義。人身之氣陰陽相蕩，混而調和，即老子《道德經》中「沖氣以為和」之謂也。我們修練太極拳不斷追求的狀態，不也正是天人合一、大氣沖和的狀態嗎？

我認為太極陰陽是王宗岳先生《太極拳論》的中心思想，指導了太極拳修練幾百年。每一位志在修練太極拳的人均應將其悟透，這對將來自身太極拳功的修練提高大有裨益，從而避免以訛傳訛、誤己誤人之弊。

五、太極拳中的「守一」

「守一」為道教修練的方法之一。其旨在於保持人的

精、氣、神無謂地外耗流失，使其常盈於體內，與形體合而為一，久而久之則長生久視，益壽延年。

「守一」的思想最先源於老莊。《道德經》云：「載營魄抱一，能無離乎？」「營魄者」魂魄也；魂陽魄陰，陰陽合而形與神俱。《莊子・在宥》云：「目無所見，耳無所聞，心無所知，汝將守形，形乃長生。」而「守一」的關鍵在於守神與守氣。而守神在於恬憺寥寂，雖在紛紛喧市，亦能不為利誘，不為情憂，不為色勞，不為食滯。故要求心靜則須「守氣」。「守氣」又有內視、守丹田及運行大小周天等等……方法雖多，其目的惟一也，即心清神靜，與肌肉若一。

近代醫學研究，維繫人體內環境平衡者有三：一為神經系統，二為內分泌系統，三為免疫系統。三者互有關聯，相互為用。其所以「守一」而能靜者，在於穩定人體神經系統，從而調節內分泌系統，加強免疫能力。如我們常見，當人們生活相對平淡，心情安寧，飲食起居有規律，發病的概率相對地會減少。反之，倘若起居飲食無度，心境煩亂，則會導致人體的內環境失衡，則百病蜂起。此乃人「守一」求靜之要義，養生長壽之根本也。

太極拳以意導體，以體導氣，以氣運身，進而求得「聚氣斂神」之修練目的，正與「守神」「守氣」的方式，與「守一」相吻合。

道家「守神」的方法中，有「存思」之說，其方法為：合目內觀，存想天、地、人之象。其最終目的是消除雜念。一般地講，太極拳乃綜合意、勁、氣的形體運動，其首先要求以意導體，這對於養生而言，很重要的一方面

在於祛除雜念。按不同的階段分層次地運用意念來完成各種動作。其最初階段則是中國最古老的健身方法之一，在《莊子》和《黃帝內經》中稱之為「導引」。從 20 世紀 80 年代初考古學家們在長沙馬王堆出土的漢代帛畫中，我們依稀可以找到了太極拳雛形的影子。可見在中國運用太極拳這類「導引」方法來延年益壽，是自古即有的。

太極拳套路（當然在太極功中還有打坐的功夫）的練習過程，與一般靜坐的區別，在於求靜從形體動作入手。由對形體運動要領的加深掌握來集中自身的意念，在現代心理學被納入「動作思維」範疇。記憶並準確完成每一個具體動作，則可視作太極拳「動作思維」的開始。然後注意結合動作運用意念逐一地完成進退、抽添、虛實、開合、動靜等內在的訓練。換句話說，太極拳是用意念結合身體的導引，使人體的氣機以不同的方式而運行的。

用身體感官去領悟拳的運用以及修心養性的要領，則稱之為體悟。幾乎每一個用心練習太極拳的人都領略過在體悟過程中精神專一的感受。這種感受不斷地加深、延長，以致達到心性的收斂。拳經中稱之為「斂神」。

神的收斂不僅僅是心性得以寥寂，在這寥寂之中人的身體同時也得到了修練，那就是在自然而然中得到了氣的通暢與順遂，如此再以心行氣，以氣運身，則往來流利而無滯殆矣。

綜上所述，太極拳的「守一」方式，是從現代心理學中所謂的「動作思維」入手，經過階梯式的層層深入，使道家所說的自身「性命」得以深層次的修練，以致達到「載營抱魄而無離」的形神合一狀態，使人體的內在平衡

不失，精、氣、神常養而少耗，進一步再用內視守氣的方法來以心行氣，以氣運身，人與自然內外調和，天人合一。當真正找到「沖氣以為和」的狀態後，於用、於養皆出於自然而然之中，此即「應物自然」之謂也。

第三節　陰陽與雙重

一、容易被誤解的「雙重」

「雙重」是什麼？這是學習太極拳理論的人都要接觸的問題，也是太極拳專家們都要闡述的問題。由於每個人的認識不同，故而眾說紛紜莫衷一是。然而，幾乎所有的人都認識到，避免「雙重」的方法是分陰陽。但「陰陽」又是什麼呢？這又成為許多太極拳專家們爭論不休的話題。然其論多為人云亦云，卻沒有遵照前賢們「格物致知」的治學思想去分析、研究，因此，不免有謬誤之處。

如有的人認為，分陰陽就是分虛實，分虛實就是要在動作中分清是左手、左腳用力，還是右手、右腳用力。凡用力的一方為實為陽，不用力的一方為虛為陰。因此，在整套拳中又分成了若干個陽動，若干個陰動。如果雙手齊出，雙腳持重則為雙重。

我覺得這是種機械的分類法實際上是對太極拳法的不領會和對陰陽的錯誤理解。如果我們把雙手齊出、雙腳持重認作錯誤，那麼，拳中就不應有馬步和雙按掌。如果僅把攻的動作看作實，守的動作看作虛，那就大錯特錯了。

比如說，我們以摟膝拗步為例，下摟手如果只虛不

實，對方的拳就可毫不費力地打到我的身上。那麼，向下摟的動作是實還是虛？是陰還是陽？我感覺太極拳中實虛之間的變化是整體的，打拳時人體動作在運轉當中是毫不間斷地由實變虛，又由虛變實的。我們說的虛實乃是修練者勁氣之虛實，它與進退、抽添、剛柔以及動靜、開合是有緊密聯繫的。故而修練太極拳有體悟的人都能感覺到，所謂的虛和實可以體現在同一個動作當中，甚至在同一個肢體上，而不是機械地在動作數量的單雙數上，也不是僅僅停留在肢體的擺放上面。

我們的祖先從自然界的變化中領悟到了千年不變的規律，並將其上升為哲理，其哲理被著述《黃帝內經》的先賢們稱之為「天地之道」。王宗岳在太極拳中領悟了「天地之道」，著述了幾百年來被奉為「經典」的《太極拳論》。具體應用到太極拳，則體現在拳勢與打手，應用與養生等各個領域中。

人，不管是來自於造物者，還是進化的結果，其結構之複雜，即使在科學技術日新月異的今天，也遠遠不能窺其全豹。還是我們的祖先有遠見卓識，認定「天人相應」。人為一個小天地，同樣是一個太極之體。故先賢們曾有「天地為大太極，人為小太極」的說法。

我們大家應該瞭解在練習太極拳的過程中，人體的各個部位都存在著虛實、動靜、剛柔、開合等等的陰陽變化。如就形體而言，同在一條臂膀上其外緣為陽經，其內緣為陰經；前端為陽，後端為陰。尤其在傳統的練法中，即使在同一隻腳，或同一隻手掌上，隨著意念的變化，又可有「腳踩五行」之分和「手運八卦」之說。這樣越分越

細、越分越小，直至虛空粉碎的境界。倘若這樣，自然就會形成「一處自有一虛實，處處總此一虛實」的狀態。這才是「虛實分清」的本意。由此延伸，「陰陽無限可分」的原理在我們的心中也漸漸地變得清晰了。

假如我們用陰陽來分拆身體部位，就會有上下、左右、前後、內外等數不清的分法，僅僅用雙手、雙腳來決定雙重，是不是太局限而不夠全面呢？

二、用陰陽學說來認識「雙重」

我們翻開《太極拳論》，不難發現陰陽的理論始終貫穿於其中。陰陽到底是什麼呢？要解決這個問題，我建議先不要急於分配和規定，否則就會像盲人騎瞎馬，到處亂撞，也找不到方向。記得朱熹有一首著名的治學詩，詩曰：「半畝方塘一鑒開，天光雲影共徘徊。問渠那得清如許，為有源頭活水來。」我們不妨遵朱老夫子之意，靜下心來精讀一些古代哲學著作或中醫專著，仔細揣摩其中的意義，漸漸格物致知，認識到陰陽是一種學說，而且這種學說能夠廣泛地應用到天地萬物發展變化的一切規律之中。因此，《內經》中說，「陰陽者，天地之道也，萬物之綱紀，生殺之本始，神明之府也。」

太極圖主要由黑白兩色的陰陽魚組成，然而對於此圖千萬不可以其圖而論形，透過圖形深入地研究其中隱喻的內涵，則不難看出太極之中涵陰抱陽、陰陽變化而生萬象。同樣，陰陽之理貫串在太極拳之中。從而組成了陰陽變化無窮的太極拳法。

在深入地探討陰陽學說之前，我們首先要知道太極拳

中的陰陽屬性。如剛為陽，柔為陰；動為陽，靜為陰；開者為陽，合者為陰；實為陽，虛為陰……而在每一陰或陽的特有屬性當中，卻又有著相反的屬性存在。因此剛中能有柔，柔中又可有剛的性質。

就人體為例，人的上臂為陽，下肢為陰。而上臂的內側又是陰，外側又可歸為陽；腹為陰，背為陽；上為陽，下為陰……如此展開，陰陽則無限可分。

因此，在太極拳中從整體可以分為四肢軀幹，而四肢軀幹又有上下、內外、左右之分……這樣越分越小，則成為無數個點。但即便是同一處，也同樣存在著陰陽的變化。這也就是吳圖南先生常說的「處處自有一虛實，處處總此一虛實」。

陰陽在自然界中是要保持平衡的，這樣自然界才能存在，然而這種平衡又是處於動態變化之中的。正因為有了這種陰陽的動態平衡，自然萬物方能具有蓬勃的生機，這大概就是古人云「一陰一陽之謂道」的含義吧。然而這種動態的平衡，恰恰體現在其相互消長之中，這就像同一個天體存在著白天和黑夜的相互轉換一樣。

早在兩千多年以前，中國的先哲們就對此作了詳細的觀察，並作了簡明的總結。《素問‧金匱真言論》中有云：「平旦至日中，天之陽，陽中之陽也，日中至黃昏，天之陽，陽中之陰也；合夜至雞鳴，天之陰，陰中之陽也；雞鳴至平旦，天之陰，陰中之陽也……」我們根據自然的變化，不難領悟在太極圖中陰陽魚黑白兩色的弧線變化中，實際還隱含著陰陽相互對立、相互依存、相互消長、相互轉化的諸多哲理。

在修練太極拳的同時，搞清楚太極學說所包含的一些哲理是非常重要的。在練拳的同時掌握這些理性認識，對於太極拳的修練中進一步理解掌握其中的動靜、虛實、剛柔、開合等等要點，則大有裨益。否則會局限於太極拳動作的線路變化之中，並易被人引入歧途。

我們知道，在陰陽變化時，兩者也是可以相互轉變的。這個轉變焦點古人稱之為「重陰必陽，重陽必陰」。「重」的意思，與吳圖南先生所解釋太極的「太極之意，乃不可極而極之」的「極」字含義相同，先生的「極」字，與「重陽必陰」的「重」字同樣是說明了陰陽轉化的焦點。乃是說明「陰」的一方發展到極點，就會轉向陽的方面發展，與其相反，「陽」的一方發展到極點，又能轉向「陰」的方面發展。如同一年春、夏、秋、冬四季氣候中陰陽的往復循環變化一樣。

王宗岳老先生所提出的「雙重則滯」，顧名思義是假如陰陽出現了只有一方存在，而另一方就相對地消失的情況，陰陽平衡的動態平衡即隨之喪失。這在事物的發展過程中，古人稱之為「孤陰不生，獨陽不長」。這種情況的出現則預示著事物將走向消亡。更為明確地講，一切事物如果「陰上加陰」「陽上重陽」，沒有陰陽的轉換、變化，則動態中的平衡被摧毀，如此從養生而論則病，從武事而論則殆，又何言性命雙修哉。

具體在練習太極拳時，周身上下沒有虛實、動靜、開合、剛柔等變化，則全身各處「不順遂」「不通暢」，有間斷而不能節節貫穿，從而出現「孤陽無陰」或「獨陰無陽」的狀態。由於忽視了這一點，沒有真正搞清楚「雙

「重」的實質內涵，不講究剛柔相濟，不講動靜開合，甚至連先輩「先求開展，後求緊湊」的訓導也遺忘了。

大家比較清楚的是太極拳一定要避免用僵直的本力，但往往忽視了與其相反的一方面，是懈軟無力，從而出現了一些太極拳家在教初學太極拳者時，或著書立說之時，盲目地追求所謂的「大鬆大柔」，或大談所謂的「鬆柔大師」，而忽視了前人「剛柔相濟」與「先求開展後求緊湊」之遺訓，出現了如今很多年輕人打「老人拳」的怪現象。

在推手應用之時，我們更要明確其重要性。兩人接手聽勁，彼此一定處於不斷的變化之中，那麼，怎樣才能在雙方的變化中掌握主動權呢？先人的遺訓是在雙方搭手後要沾、連、黏、隨，聽明彼勁，捨己從人，發、拿、打、化，順勢而為。至於功夫既久而至高深境界，以氣對待，隨心所欲，自然可到達「氣分陰陽，機先動靜」的敏感程度。相反，所有的頂、丟、瘓、抗，在不斷的深入認識中體會到，其中不是「有陽無陰」，就是「有陰無陽」，這種情況實際上全可歸為「雙重」之列。

三、以《太極拳論》中的學說指導
太極拳的修練

我們粗淺地瞭解了太極學說的陰陽理論以後，重新仔細地溫習體會王宗岳老先生《太極拳論》「每見數年純功，不能運化者，率皆自為人制，雙重之病未悟耳」的本意，對之能有更進一步的領會。然而王老先生依然恐怕後世人對此有所誤解，又更一矢中的地明確指出：「欲避此

病，須知陰陽。」此言對後世從學之人，可謂用心良苦矣。只是有的書對這裏的句讀不明，置後句於另一段，以至於前後文理不接，使讀者容易誤解。

經由對《太極拳論》的認真研讀我們感覺到，如欲求「懂勁」以達「隨心所欲」的「階及神明」的境界，就必須深入體研《太極拳論》中所涉及的太極學說、陰陽之理。所謂「體研」者，乃心悟加體悟者也。否則就容易被似是而非的理論所迷惑，造成「差之毫釐，謬之千里」的後果。

第四節　對太極拳中用意的一知半解

一、尋求寧靜

隨著現代科技的迅猛發展，我們所生活的這個物質世界已被推入了前所未有的文明（當然是只就現在所知的）。但就在這個文明的背後，我們又不知不覺地丟失了許多東西。在現代化的生活中，電氣化愈來愈多地代替了諸多手工勞動。收錄機、電視機、電腦、網路也愈來愈多地帶我們走入了豐富多彩的精神生活……與此同時，相應的負面影響隨之也出現了，手工勞動被代替，人們的肢體便喪失了一些被動運動的機會，於是人們不得不花大價錢去健身房；長期觀看電視節目悄然奪走了那些居住在水泥塊中的人們參加體育鍛鍊的時間，並且毀壞著老年人與孩子們的眼睛。電腦這個現代人工作、生活都離不開的怪東西，無疑給現代社會帶來了日新月異的變化，但又由於它

的輻射和電磁場不斷干擾著我們身體內環境的平衡，讓很多年輕人過早地進入了「鄉音無改鬢毛衰」的行列……然而，這些還不是人類生活的最大危害者。

在人類社會裏，對人體健康最嚴重的威脅恰恰來源於我們人類本身———即複雜多變的人際關係，這個威脅幾乎給每個人都帶來過煩惱。如果有人深陷其中而不能解脫，往往會精神崩潰，後果不堪設想。因而，現代人常常嚮往著回歸自然。所謂回歸，當然不是要回到刀耕火種的年代，而是渴望尋求心靈上的片刻寧靜。

我國土生土長的道家把「恬淡虛無」作為淨化思想以求長生的靈丹妙藥，這種方法同時也被古代醫家所引用。兩千年以前中醫就提出：「陰平陽秘，精神乃治，陰陽離決，精氣乃絕。」人體的健康、疾病的恢復主要取決於體內陰陽的平衡與否。用現代的語言來說是調節人體內環境的平衡。古人曾有訓云：「精神內守，病安從來。」其意思主要是指精神上的「鬆靜」，這是人體內環境進行自我修復的基本保障。這一點已漸漸引起愈來愈多人的注意。如日本的「岡山靜坐法」、中國蔣維喬先生的「因是子靜坐法」，而現代西方又盛行瑜伽靜坐……總之，各個階層的人們都在嘗試著尋求適合自己鍛鍊的方法。太極拳經過幾百乃至上千年的實踐，證明是一種能幫助人們返璞歸真的理想的鍛鍊方法。

二、「意」的概念

何謂「意」？也許對專家們來講這是個幼稚的問題。然而就是這個幼稚的問題往往使我們陷入了重重的困惑之

中。所以，我想在討論太極拳用意之前首先復習一下先人們對「意」字的認識。

清代中醫巨著《醫宗金鑒》中談到神時解釋道：「形之精粹處名心，中含良性本天真，天真一氣精神祖，體是精兮用是神。」神和精氣的妙合產生陽魂、陰魄，而神之變化又有意、志、思、慮、智的不同，而「意是心機動未形」，又曰：「意者，心神之機，動而未形之謂也。」其意思是說「意」是神的變化之一，「意」的產生在形體未動之前，是心神指導行動的第一過程。對有關「形」和「神」的討論，在幾千年的中國文化發展過程中始終為聖賢哲人們所熱衷。佛教的空與色；道教的有與無、性與命無不隱含著對兩者的討論。

在國外，17世紀的法國哲學家笛卡爾推出了二元論，認為生成宇宙有兩大元素，即物質與意識。根據他的主張，人的意識屬於精神世界，而肉體則屬於物質世界。以現在的科學觀點來看，當然這種論點過於機械了，因為產生意識的是人腦化學與物理反應的結果，其複雜程度以現在的科學水準只能瞭解到其中的百分之幾。

眾所周知，意識產生於大腦，人與動物的主要區別也是在於大腦發達與否。但是，結構極為複雜的大腦及其神經分佈所產生的意識和反應，甚至靈感的閃現，完全是有物質基礎的。據現在的科學研究，大腦中可知的化學元素就有幾十種之多，由於它們之間的分化、合成，及其神經元之間神經介質所閃現的火花，形成了我們的感性認識、理性認識，甚至人們靈感的噴發。

人是一個有機的整體，就像天地中每一種物質都具有

它相應的作用一樣，人體的每一組織器官、每一臟腑系統之間同樣有其聯帶關係。所以，中醫有臟腑相生和「填精補腦」的說法；道家則主張「練精化氣，練氣化神，練神還虛」。假如用現代科學來分析，以上的說法都包含有形神相互轉化的觀點存在。

三國時期竹林七賢之一的嵇康，在他所寫的《養生論》中，不僅展示了他橫溢的文采，更主要的是非常透徹地闡述了形和神的關係。其論中形象地透過情急出汗、悲痛不餒、憂慮不眠、大怒髮豎等實例，總結出「君子知形恃神以立，神須形以存，……故修性以保神，安心以全身，愛憎不棲於情，憂喜不留於意，泊然無感，而體氣和平。又呼吸吐納，服食養身，使形神相親，表裏俱濟也。」並希望大家能夠「外物以累心不存，神氣以醇白獨著。曠然無憂患，寂然無思慮。又守之以一，養之以和，和理日濟，同乎大順。」同時調理起居飲食而達到「無為自得，體妙心玄，忘歡而後樂足，遺生而後身存」的長生目的。

在古代中國、希臘、印度都有調動本身能力修復人體內環境平衡的方法，如中國的太極拳以及印度的瑜伽等，都是由身心鍛鍊以達身心健康的極好方法。

現代科學認為，人賴以生存，主要取決於人體內環境的平衡。而維持內環境的平衡一般認為有三大系統，即神經系統、內分泌系統和免疫系統，而且三者緊密相連，互為因果。經由太極拳練習，神經系統得到相對的穩定，從而內分泌系統、免疫系統也得到相應的增強。人體則會保持健康，即使有病也易於恢復了。

中國古代醫學在兩千年以前即將人的臟腑按國家體制取類比象分為十二官，其中心為「君主之官，神明出焉」。並認為，「主明則下安，主不明則十二官危」。由此可見，古人經過無數次的實踐，將意識提高到了何等的高度。現代科學家也用無數事例證明了淨化心靈對於人體健康以及開發靈感的重要性。

其中有的人認為，人容易產生第六感的時候，大多精神處於鬆靜的狀態。近來日本人江本勝經過了十年對水結晶的觀察研究，驚人地發現我們日常無時不接觸的水，竟然具有複製、記憶、傳導和感受的功能。他甚至在《水知道答案》一書中用照片的形式記述了水在接受不同情感資訊時的不同的結晶。其中歡快、平靜與煩亂、狂躁的感情資訊，會讓水的結晶隨之也變得美麗或零亂。

試想人體中百分之六十以上的成分是由水組成，不同的情志變化，勢必造成體內水分子的不同排列。從而推論練習太極拳所得到的心靈淨化，對於人體內環境的調節是具有非常巨大作用的。

太極拳所謂的脫胎換骨，實際上包含有從靜到體悟，經過對體悟的總結，即可上升為有邏輯的系統練習。太極拳正是由於千百年來歷代宗師在養生、修心、武事等方面的精心總結與歸納，從而發展成為一種科學而有效的人體系統化修練方法。

三、太極拳中的意

1. 以意導體

一些拳家們所說的「意」是十分複雜的。他們往往將

形與意分開來談，在他們的認識中太極拳是練意不練形的。然而，他們卻忘記了太極拳本身並非形而上學之學，太極拳的修練是以形體動作來解讀《太極拳經》的，故先人有稱太極拳為知覺運動。

我們在太極拳運動中，因練習的人層次不同，所以因人而異地運用「意」來完成對人體的修練。練過太極拳的人，回想一下自己在剛剛接觸太極拳的時候，開始所集中的意念，不是鬆，不是靜，不是虛實，不是開合……而是要努力地用大腦去記牢套路中的每一個動作，其中包括姿勢順序、動作要領等等，在掌握整個太極拳套路的過程中會自然地拋開社會、生活上的種種煩惱而將心猿意馬收回到練好太極拳這項任務當中來。

然而，這僅僅是我們在進行太極拳修練運用動作思維的開始，此後我們漸漸地步入更深層的殿堂，身心漸入佳境，去逐一體悟那難以形容的美妙。

在這個初級階段裏，我們練習的主要宗旨是「形」的練習，對此大概有不少人存有疑義。他們也許會說，「太極拳主要是練意，你的題目也以意為題，為什麼一開始就講形呢？這不是與題不符了嗎？」我們是要「以意導體」，最初階段要把拳勢做正確，其目的是讓我們在緩慢、有序的動作中將平時疏於活動的懶筋拉開，使我們的關節、韌帶、肌肉、骨骼都得到充分的鍛鍊，恢復其柔韌性和彈性，以加強我們身體的靈活性。當然，最初的練習是比較艱苦的，然而，實踐證明，最初的練習對於增強身體素質是十分有效的。因此，可以說準確地完成太極拳的動作是進行太極拳「用意」的第一步。

而後，我們即可以用意念配合形體動作來逐一地進行進退抽添、虛實變換、剛柔相濟、動靜開合等等的訓練，由有形到無形，由有意到無意；由無到有，再由有轉無。這一過程，雖然需要所謂的「入門引路須口授」，更主要的卻是「功夫無息法自修」。

2. 對「用意不用力」的認識

「用意不用力」是一句拳諺，拳經中的原話是「意氣君來骨肉臣」。記得許多年前在一個專家「推手規則討論會」後，這句拳諺給推翻了。其原因是在討論會上，有些堅持太極拳「用意不用力」的專家，被另一方以拋石鎖、推沙袋訓練的專家所擊敗，結果認為「用意不用力」是過去人在認識上的錯誤，輕率地將「用意不用力」改為「用意不用拙力」，並以其遠見卓識畫上了完滿的句號。

我聽過這件事以後，深深地進行過反思，感覺到其內容多少有些不妥之處。首先，我們應該知道傳統的推手是拳架與技擊的結合，原本是一種太極拳各派本門彼此對待訓練的方法之一，而不是一個比賽專案，所以沒有勝負之分。退一步來講，兩人對待打手，技擊勝負往往決定於瞬間，試想，在霎那之間哪兒容我們再用意念去想用自己的哪個穴位，對準對方的哪個穴位；向前推的同時用意念在身後相應的部位再設一個點……諸如此類，不勝枚舉。

那麼，用意是不對嗎？我們講，不是的！只是所謂「用意不用力」僅是對練拳與訓練時的總結，而不是打手、技擊時的概括。我們大家不妨溫習一下《十三勢行功歌》：「十三總勢莫輕視，命意源頭在腰際。變轉虛實須留意，氣遍身軀不稍滯。靜中觸動動猶靜，因敵變化示神

奇。勢勢存心揆用意，得來不覺費工夫。刻刻留心在腰間，腹內鬆靜氣騰然。尾閭中正神貫頂，滿身輕利頂頭懸。仔細留心向推求，屈伸開合聽自由。入門引路須口授，功夫無息法自修。若言體用何為準，意氣君來骨肉臣。詳推用意終何在，益壽延年不老春。歌兮歌兮百四十，字字真切義（意）無遺。若不向此推求（想）去，枉費工夫貽歎息。」此歌字裏行間無不滲透著「用意」的重要性。而我們的問題出在哪裏呢？我個人感覺，問題首先是出在忽視了文章的主題———「行功」上，而且又沒有重視「體用」二字。換言之，《十三勢行功歌》百四十個字所言的「意氣君來骨肉臣」的要點，一定要落實在「行功」和「體用」兩詞上。

「行功」就詞義而言，當然是我們平時所進行的太極拳、功的訓練。然「體用」之謂，是要求修練者必須將《行功歌》以及太極拳裏所要求的虛實變化、進退抽添、剛柔相濟、動靜結合、開合鼓蕩，以及中正安舒、輕靈圓活、鬆空沉著等等要領，經過著功、勁功、鬆功、氣功的脫胎換骨的鍛鍊，「用意」在層次上亦不斷昇華，而完全融入到體內，自然而然成為能量的組成部分。與此同時，我們所說的「力」，經過意的磨練、氣的滲入，不知不覺之中逐漸更換為「太極勁」。

吳圖南先生稱其為「學力」，意思是經過學習鍛鍊而改變了的「力」。這如同「火銃」和「來福槍」一樣，雖同為火藥製品，但由於其許多內在裝置不同，威力自然有天壤之別了。

值得一談的是，有位自稱為吳老傳人的專家，在一本

書裏大談特談「鬆柔大師」之後，竟糊裏糊塗地否認「太極勁」的存在。眾所周知，任何物體被移動都要有能量支持。試問這位先生，那些舉手投足擲人於丈外的太極拳前輩，用的難道不是「太極勁」，而是吹出的一口氣不成？

太極勁練成以後，經過下一階段的練習，逐漸氣化，意念也隨之脫勁化氣。此時此刻應按拳經中所云，「以心行氣，務令沉著」，自然氣遍周身不稍滯，及至由蓬鬆、輕鬆到全身透空，內外交通，任其自然。以此狀態對待，敷、蓋、對、吞當知並不虛言。

綜上所述，對待中的「用意」，其中自然而然地包含著勁（太極勁）、氣的存在，決不再是空洞的想像了，而是在雙方舉手投足以前，其意已到達對方，即所謂「彼力尚未及我身，我意已入彼骨裏」是也。只有這樣，方可謂後發先至，或發於機先，從而到達「捨己從人」的境界。當然，這要求修練者必須具有「脫胎換骨的精神，萬夫不當的勇氣」，經過刻苦修練方能成功的。

3. 太極拳中的蛻變術

太極拳祖師中的楊露禪先生，有的人稱「露禪」作「露蟬」。仔細斟酌，也不為過。據說自然界的「蟬」，在美國有一類叫作「十七年蟬」，在地下經過十幾年的蛻變方來到地面，羽化後再飛到樹上報導伏天的來臨。而露蟬先生一生之中經過了脫胎換骨的修練，幾經蛻變，體能遠超常人所及，終成太極宗師，亦是理所當然。

由對露禪宗師的名諱遐想，返回到人們對太極拳的修練。前人說，「太極拳要練什麼丟什麼。」驀然一聽，使人不解，聯想蟬之變化，其理昭然。蛹不脫繭，怎成蛾？

蟬不羽化，怎上天？太極拳的練與丟的過程，實際上是一種與蟬相似的蛻變過程。

太極拳所練、所丟為何物呢？經過多年對太極拳的修練與感悟，我認為所練所丟的是「意」，是指應用到不同階段用「意」的方法。至於用「意」的方法，在太極拳的訓練中很多也很複雜。

尤其是現在不同的老師有不同的認識，相同的認識用不同的隱喻，故而太極拳的用意，愈衍愈繁，愈來愈複雜化了。什麼練某個動作，必須某穴對某穴；什麼前的點對應後面的點；什麼大圈轉、小圈轉……千人百種，其原意是讓初學者容易領會，然不知有許多求知心切的人，不能心誠意專，四處尋訪，反如入重霧之中。練拳時顧此失彼，應安靜之心卻浮躁起來，記這忘那，有時甚至連盤架子都無所適從了。

欲避此病卻也不難，只是在初學之時必要專心致志地從學一家，正是《大學》中致知、誠意、正心、修身……的治學修身之道。記得早年吳圖南師爺曾囑我說：「先學靜，次學悟，再學練……」這就是說，只有心靜而安，才能專注一方，才能在練拳時不斷地有所感悟。

《十三勢行功歌》中古人曾云：「意氣君來骨肉臣。」在練拳時除《行功歌》中所「仔細留心向推求」的腰隙、腹內、尾閭、頂頭懸以外，還要細細地揆度。所謂「揆度」，首先是要以自身身體素質為準，體會太極拳練習中的其他要求。如體會進退抽添的變化、體會動靜虛實的變化、體會開合呼吸的變化，以及體會太極勢的場勢變化、氣的養蓄運使變化等等。如此之多的體會，無論如何

也無法在 20 分鐘至 1 小時，甚至 2 小時的盤拳中徹底完成。即便是將其一一數一遍也很困難。因此，先師們要我們「揆度」的意思中還應包含有，修練太極拳是有階段性的（雖然這種階段性隱含於鍛鍊的不知不覺之中）。

歷代宗師們對太極拳的論述可謂字字真言，然由於古文文法句讀的關係，往往不像現在的文章有非常明確的層次畫分，致使讀者未能認真地領會，而囫圇吞棗地去練，或斷章取義地去理解、教學，這樣就不能完全避免誤導、誤人的現象。因此，吳圖南師爺就提出「勿冤枉古人，勿欺騙今人，勿貽害後人」的實事求是的治學綱領。

先師們讓我們「揆度」的第二個方面，乃是教導我們在太極拳的修練中必須根據自身的具體情況，結合古訓，以及前人經過千百年的經驗總結出的練功方法，有系統、有層次，按部就班地逐漸分階段掌握。太極泰斗吳圖南先生所提出的太極拳的四種功，即著功、勁功、鬆功、氣功，和著、勁、氣、神四種打法，可謂是對太極拳承傳的科學化與系統化作出的巨大貢獻。

我們練習太極拳時所用的意念則始終貫徹在這不同的階段之中。不同的階段一定採取不同的意念，無論著、勁、鬆、氣都有其特有的意念，還有一般我們講的進退抽添、虛實動靜、開合鼓蕩等等。

意念的運用不能全面鋪開，必須逐一完成，然後在自然而然中有機地結合在一起。在完成某一意念的運用時，必須由有意識練到無意識；由不自然練到自然。這就是太極拳前輩們所說的「練什麼丟什麼」，也就是吳圖南先生屢屢講到的「自然而然」。這種現象對我們來說只是太常

見、太平凡了，以致被我們大家所完全忽視了。

比如說我們人類日常生活中用杯子去喝水，僅僅這個簡單的動作分解起來就十分複雜。首先看準位置，張開手，接觸到水杯，再收攏五指握起水杯，舉到嘴邊傾倒進口裏（吞咽動作，更是動物進化後的自然反射，在這裏用不著討論了）。

這其實是一項由神經傳導、大腦反射、肌肉運動等身體幾部分有機的組合才能準確完成的動作。但是，我相信每一個正常人在完成這個動作時，決用不著這樣一項一項地考慮。生活中僅此一舉就如此複雜，其他的更可想而知了。如果我們仔細觀察，不難發現日常生活中自然而然的動作，都是人類自嬰兒時就反覆訓練的結果，是從有意識、日積月累漸漸變成下意識的結果。

我們太極拳的修練中所謂用意念，與上述的反射有著同樣的關係。當一個動作、一種狀態反覆做，反覆地用意念去加強，經過一段時間，大腦有了儲存的資訊，則會變成一種在無意識的狀態下自然而然的條件反射。這種反射用現代的話來講，是下意識的。

練習太極拳掌握前人總結的經驗，體悟自身感覺，我認為不管是練體，還是用意都要分階段、分時期，一步一步地練習、一步一步地掌握，如登泰山之巔，須循階而上。如《宋氏家傳太極功支派源流論》中曾經記述過許宣平的一段對練習「三十七」的教誨：「一勢練好，再練一勢。」其目的就是讓學者由反覆地練習，形成「不用顧盼擬合，信手而應」的自然反應。

對於練習太極拳的「用意」，不但要分階段，而且還

要有條理。從以意導體，到以心行氣。太極拳的用意過程，古人形容為「乍隱乍現」，老子則稱之為「綿綿若存」。每一動、每一處，「用意」都不能太過。對於這一點，莊子在他的《養生主》中曾講過這樣的一個寓言，大意為澤雉平時十步一飲，五步一啄。若被人關在籠子裏，雖不愁吃喝，但也沒有感到像以前那樣的舒服了。

與此相同，人本來是有潛能和靈性的，而意識是可以誘導潛能和靈性併發的，潛能與靈性即如同澤雉一樣，用意偏執反而對其加以限制，從而出現「著意」，即若澤雉關進樊籠之中。佛家稱之為「著相」。如此下去「意」反會將氣機阻滯住，對身體造成不良後果。

回想我們走過的「太極之路」，實際上是由有意到無意、由用意到不用意的過程。透過有到沒有、用到不用的不斷蛻變，而後達到太極拳諺語中所說的「有意無意是真意」。這與道家所講的「有無相生」，佛家所講的「諸相非相」，有異曲同工之妙用。

此時就武事而言，可由不知不覺，到先知先覺；由後發先制人，到先發先制人；由「動急則急應，動緩則緩隨」，到「不用顧盼擬合，信手而應」。這樣就到達太極拳的最高境界了嗎？十幾年前，我曾經抱著這個問題去問我的師爺吳圖南先生，他回答道：「這只是太極拳追求的中乘功夫。」「那麼什麼才是太極拳的上乘功夫呢？」我急切地問道。師爺一捋銀髯笑著答道：「太極拳其大成者，乃化功也。」對於這句深奧的話，我始終搞不明白，然而，在十幾年後終於被我領悟到了。

太極拳的修練，其實像讀經一樣。讀經是朗之於口，

修之於心，太極拳是用之於體，修之於心。所不同的是讀經是通過讀念而心領神會，不斷提高自身的德行；太極拳卻用身體的感悟去領會經文。

呂祖《百字碑》中曾有云：「坐聽無弦曲，明通造化機。」太極拳的修練正是「坐聽無弦曲，明通造化機」。以前有位朋友在練過太極拳之後告訴我：「打拳的感覺和聽古琴的感覺一樣。」我自身的音樂感很差，古琴以前更少接觸，聽了朋友的話，我馬上找到幾張古琴的 CD 來聽，不想一下竟被那悠揚的琴聲所陶醉，並從中領會了呂祖《百字碑》中深邃的涵義。

與古琴不同的是，太極拳乃是用意念的知覺與身體的動作來奏出和諧的樂章。其意猶如發機；其虛實、進退、抽添、剛柔、開合、動靜，猶如樂曲中的角、徵、宮、商、羽；其動作的往復折疊，猶如那動聽的樂章。兩者所不同的是，樂曲的精心演奏者是我們，凝神細聽的人也是我們。我們在精心演奏和凝神細聽當中，不知不覺地得到了太極拳修練過程中勁、氣、神的昇華。

太極拳是「道」，「道」無休止，太極拳的功夫同樣也無休止。經由不斷的修練，從一個境界，上升到另一個境界，直至達到盡性立命的空明境界。

附 錄

吳圖南先生太極拳文選

太極拳歷代名家之造詣

今天談一談有關太極拳理論中的一個問題，就是「太極拳歷代名家之造詣」這個問題。抗戰時期，我曾在西北聯大講過。當時我是理論教授，講太極拳的理論，分兩門課教，一是「國術概論」，一是「太極拳之研究」。「太極拳歷代名家之造詣」是「太極拳之研究」中的一章。在那個時候，學術問題可以隨便談，所以其中有很多東西不合於現時，可是從資料的角度來看，還是有它一定的參考價值。大家知道，太極拳淵流很久，可是太極拳歷代名家之造詣究竟到什麼程度，還從來沒有論述過。

太極拳本來是一種廣泛的科學。歷代名家先後迭出，隨著時代的演進，不斷地豐富、發展，乃形成今日之一大學派。對以往名家造詣之深淺，進行科學的探討，詳細地分析，解剖其內容，明白其進退興廢之道，對於太極拳理論之研究，窺其奧秘，明其哲理，是非常重要的。這裏我簡略地談一談個人的看法，為學者他山之助。

據我們中國文獻可據參考的，斷自六朝的程靈洗先

生。先生所傳的太極拳名叫「小九天法」。

小九天裏面講道：「太極拳非純功於易經之理不能得也。」就是說一定要本著《周易》這部書的道理作研究，否則就做不到。又說：「以易經一書，必須朝夕悟在心內，必須朝夕會在身中，超以象外，得其環中。有人所不知而己獨知之妙。」又說：「多學多思，明其真偽，定其取捨，法天行健，生生不已，自能知己知人，知己性，知人性，知物性，知天地之性。」惟獨他過於理論，而於實際練習入門之法，竟告闕如，只有理論沒有練法，故其不失為形而上之學。理論是他的高處，忽略了入門之法，又是其美中不足之處。

按史料所載，太極拳最早為南北朝。當時有程茂者，南齊休寧人，永元中為郢州長史。會梁武帝起兵襄陽，分兵圍郢城，茂協力拒守，移書責武帝，使反正，詔以茂都督郢司二州軍事，郢州刺史，援絕城降，義不受梁官。

其子靈洗，體力頗強，乃延韓拱月先生授以太極拳，亦即擊刺之術也。因其變化多端，一稱圜拳。程靈洗者，陳茂子也。字元滌，少以勇力聞，侯景之亂，靈洗聚徒拒景，梁武帝授靈洗譙州刺史，後歸陳武帝，授為蘭陵太守，平徐嗣徽，破王琳，擊周迪，累官都督郢州刺史，封重安縣公。靈洗性藏急，號令分明，與士卒同甘苦，眾以此德之。卒諡忠壯。

靈洗之後，有程富者，唐休寧人。以勇力聞，隋末起鄉兵據古城岩，推郡人汪華為帥，據有歙、宣、杭、睦、饒、婺六州，稱英王，富力居多。高祖既立，華奉六州歸唐，鄉人免於兵革，唐封華為越國公，以富為司馬，休寧

縣侯。鄉人追感華德，立廟祀之，富配食焉。

程澐，唐休寧人，靈洗十四世孫。黃巢之亂，眾推為將，擊賊有功，楊行密遣田頵略地，令人諭之。澐曰，所以自保者，不欲三百年太平民為賊虜耳，他亦何求。頵乃單騎詣澐，因獻謀行密，遂以為歙州同知兵馬使，兵聲大振。弟湘、淘，皆預有功，歷顯仕。

程珌，宋休寧人，字懷古，以先世居洺水，因自號洺水遺民。紹熙進士，歷值學士院，累官禮部尚書，端明殿學士，進封新安郡侯。致仕，方值學士院時，甯宗崩，丞相史彌遠夜詔珌同入禁中草矯詔，一夕為制誥二十五，初許珌政府，楊皇后緘金一囊賜珌，珌受之，歸視所值不貲，彌遠銜之，卒不與共政。有《洺水集》。

程珌曰：「過之則為荒，不及則為陋，非中也。……至若陰陽之本，動靜之萌，一動一靜，互為其本，曷不於日用之間而觀之，人必定也，然後能應，非動生於靜乎？至於過者日化，神者固存，非靜出於動乎？夫如是，則動與靜一，物與我一，而又烏用乎勝之邪？故曰：聽於眇，故能聞未極，視於新，故能見未形，思於睿，故能知未始……」

明一統志傳：

程端明珌，休寧人，紹熙四年中進士，授昌化主簿，累官栓吏部尚書，拜翰林學士。立朝剛正，風裁凜然，進封新安郡侯，以光明殿學士致仕，卒。珌居家常平糴以濟人，凡有利於眾者，必盡心焉。著有《洺水集》。

程珌曾寫過這麼一段：「道始於太極，堯以是傳之舜，舜以是傳之禹，禹以是傳之湯，湯以是傳之文、武、

周公、洙泗（洙泗，孔子設教於洙泗之上，修詩書定禮樂，弟子彌至）聖人，群三千之士，講益明，說益備，由是而後，學者不過服而習之，安而行之而已。而近世學者乃輒不然，思入忘境，行入舜途，不流於老莊之苦空，則歸於篇章之吟詠，紛紛籍籍，淆亂日甚，今玼是集，猶有不能盡去者，亦或有補於世教之萬一，觀者其審之。」

　　許宣平，唐歙人。景雲中隱莒州城陽山南塢，結庵以居，時或負薪賣，擔掛一瓠及曲竹杖，每醉掛之以歸。曾於同華間提詩傳舍（傳舍即當時之招待客店），李白東遊，覓之曰，此仙詩也。

　　許宣平獨吟詩：

　　負薪朝出賣，沽酒日夕歸。借問家何處，穿雲入翠微。

　　許宣平題傳舍詩：

　　隱居三十載，築室南山巔。靜夜玩明月，間朝飲碧泉。樵人歌隴上，穀鳥戲岩前，樂矣不知老，都忘甲子年。

　　李白題許宣平庵舍壁詩：

　　我吟傳舍詩，來訪真人居。煙岑迷高跡，雲林隔太虛。窺庭但蕭索，倚柱空躊躇。應化遼天鶴，歸當千歲餘。

　　這是程玼寫的程家太極拳的一段學說。這段學說載在程玼寫的文集《洺水集》中。這本書有好多章，「論小九天法」是其中的一章。這部書是在宋朝刻印出來的，是宋刻本。宋朝以後，遼金入侵，人災兵禍，這部書就散失了，到了元朝，已找不到了，直到明朝才找到這部書，可

是，已殘缺不全。明朝也有一個刻本，還叫《洺水集》，但是其中好些東西遺失了，恰巧小九天法也丟了。我有一部宋刻本的《洺水集》，十年動亂中被抄走，直到現在還沒找回來。

到唐朝，李唐那個時候，有一個人叫於歡子，名叫許宣平，於歡子是他的別號。此人是位養生研究家，步履之健，可及奔馬。他所傳的太極拳名叫三十七勢，又名長拳。為什麼叫長拳呢？因為這套拳非常之長，而且柔軟得很，練起來不費力，對於養生長壽很有好處。就是說，這套拳和其他拳不一樣，練起來滔滔不絕，每個架勢可以放在前頭，也可以放在後頭，練起來願意長就長，願意短就短，不是現在所說的長拳。

許宣平這樣講：「一勢練成之後，再練一勢，萬不可心急齊用，能使三十七個姿勢，無論何勢在前，何勢在後，只要一一將勢用勢，自然三十七勢皆化為相繼不斷也。故謂之長拳。」又說：「若能輕靈堅強，走沾連隨，自然得其環中，不支不離而以腰、胸、項、背、腿、足、臂、手、掌、指，神氣諸端無不盡其能事，表裏精粗無不到。」他的這些論述別有見地，是理論與實際並重的。

唐朝還有一人，叫李道子。他宏言多論，其道獨高。先生所傳太極拳叫先天拳，也叫長拳，意思與前面講的一樣。李道子常說：「無形無象，全身透空，應物自然。」這三句話，表面上看很好懂，實際上無論在鍛鍊過程中，還是在理論研究上，確實不大容易理解。

就是說，我們在練的時候和應用的時候，沒有形象，對方打我們一錘，他覺得打著了，其實沒有，全身透空，

意思是全身像空的一樣。第三句不好懂，也不好講。所謂應物自然，這個物就是天下一切之物，適應物的自然，物怎麼來，我們就怎麼辦，既不勉強，也不故意跟它彆扭。

接著他又說：「西山懸磬，虎吼猿鳴，泉清河靜，翻江播海，盡性立命。」這講的是內功。關於這個問題在我著的太極拳內功（即太極氣功）中有所論述，以後有機會再談。他立論之高，見解之宏，為歷來研究太極拳者所未言，但非精於此道者，不足以言此。就是說，給人講解，物件必須是精於此道之人，況且性命之學，非一般淺識寡見者所能瞭解得了的。

張三豐，元明懿州人，名全，一名君實，三豐其號也。以其不修邊幅，又號張邋遢。一衲一蓑，所啖升斗輒盡，行遊四方，不常厥處。太祖、成祖求之，皆不得。英宗時，贈通微顯化真人。

三豐先生訪名師於華山時，巧遇火龍真人，初不談其姓氏，自吟一訣云：「道號隅同鄭火龍，姓名隱在太虛中。自從度得三豐後，歸到蓬萊弱水中。」久而久之，方講其姓鄭，名東陽，字曉輝。因避亂山東崂山，訪求仙道，日食草根樹皮，八十餘年。得遇吾師，賜吾大丹一服，通體皆赤，鬚眉改易。又授吾丹經一卷，道書三十篇。吾朝夕捧讀，極力研求，二年後，始領其妙旨，於是杖離地之精，吸太陽之火，復借本身三昧，修練成道，人稱為火龍真人。傳張三豐先生。

三豐先生也是一位博雅之士。先生所傳太極拳叫十三勢，也叫長拳。取其如同長江大河滔滔不絕之意。張三豐常說，一舉一動，周身都要輕靈，尤其必須節節貫串，氣

應當鼓蕩，神應當內斂。就是神不要放在身體外頭，必須要斂到裏頭來；無使有缺陷處，無使有凸凹處，無使有斷續處，其根在腳，發於腿，主宰於腰，形於手指，由腳而腿而腰，總要完整一氣，向前退後，乃能得機得勢。如果身體散亂無章，便是不得機不得勢。那麼，怎麼矯正呢？他說其病必於腰腿求之。

一般練太極拳的人說，沒有好腰腿也可以練好太極拳。其實不然，必須有好腰好腿，才能練好太極拳，上下、前後、左右皆然，凡此皆是意，不在外面，所以有上即有下，有前即有後，有左即有右。打個比方說，如果你意思要向上，你就必須有向下的意思，如同將物掀起。

比如撬一塊大石頭，把石頭擱在那兒，頭裏再墊一塊小石頭，然後順小石頭撬大石頭，這邊一按，大石頭就起來了。就是說，意思要向上，就得有向下的意思，然後把東西撬起來，這時再用鍬一鏟，其根自斷，乃壞之速而無疑。

關於虛實問題，三豐先生說，虛實應當分清楚，一個地方自有一個虛實，處處總此一個虛實，所以說，周身節節貫串，勿令絲毫間斷。就是說，人整個由腰到腿到手指都是貫串的，絲毫無間的。

這一段文章，我看不像是一篇全論，很像是文章中的一段，一定還有前頭後頭。可是參閱了很多張三豐先生的著作，也沒有把遺失的地方補過來，所以有待於後世。三豐先生所持之論，至中至正，詞簡意賅，不尚辭藻，不尚修飾。對學者提出實際用功之方針，要緊的是輕靈、鼓蕩、貫串、活潑，自首至足完整一氣，進退顧盼得機得

勢。內以尚意，外以導形，意上寓下，意左寓右，意前寓後，所以深得呼應提放之理。且於虛實之解釋，尤其詳盡，蓋能明瞭一處之虛實，即可瞭解處處之虛實矣，已給學者開一個先河，此點誠開千古不傳之密。而於節節貫串，絲毫無間，為先生所特別提出的。實在是因為太極拳之妙用在於延年益壽，身心俱妙，而貫串無間，不獨得力於技擊，對養生長壽也有莫大之裨益。先生之所主張，似甚平庸，而詳細體察，正是其高處。所以說，先生其道獨高，而名重於後代，就是這個原因。

明朝景泰年間，有一位叫王宗，號宗岳。王宗岳，西安人，習內家拳法，在當時為最著。西安南面是南岳華山，既然他叫王宗，那麼宗什麼呢？就是宗這個岳，這是很有道理的。王宗岳是個經緯之才，他不但太極拳練得很好，而且文學也很好，深得張三豐先生的真傳。王宗岳是直接還是間接向張三豐先生學的呢？現在沒有法子證明，反正是三豐先生之後有這麼一位。

王宗岳著述很多，對太極拳之奧理闡發無遺。所傳之太極拳名十三勢，也叫長拳。他所著的《太極拳論》裏說：「太極者，無極而生，動靜之機，陰陽之母也。動之則分，靜之則合，無過不及，隨屈就伸。」下面他給分成四個：「人剛我柔謂之走，我順人背謂之沾，動急則急應，動緩則緩隨。」對「背」字的解釋跟我講的不一樣。我是根據兵法講的。兵法上講，比方說，我們守一個山口，我們這一半必須跟這一邊沾住，好像一扇單扇門似的，他進來，我們從這邊迂迴，把他包圍住，所以說我是順的，人家是背的，他來的時候是背著的，背不是脊樑後

的意思，這一點我特別提出來。下面是，他動的很急，我們就急著應他，就連上了；他來的慢，我們也去的慢，這就叫做隨。總起來說，就是「走、沾、連、隨」四個字。一般念俗了。說成沾、連、黏、隨，這是沒有明白那個背字，如果把背字明白了，也就知道是沾、連、走、隨了。

「雖變化萬端而理為一貫，由著熟而漸悟懂勁，由懂勁而階及神明，然非用力之久，不能豁然貫通焉」。這裏所說的「用力之久」，不是用力氣，而是用功久了的意思。但怎樣用功呢？我創造了四個功法，一個叫著功，一個叫勁功，一個叫鬆功，一個叫氣功注。這個氣功跟現在一般練的氣功不一樣。我所說的氣功是太極拳裏養生長壽、祛病延年的一種氣功。

「虛靈頂勁，氣沉丹田，不偏不倚，忽隱忽現。左重則左虛，右重則右虛」，有人寫成「左重則左杳」的，意思都一樣，是行文的關係。「虛實兼到，仰高鑽堅」。就是說，虛和實兼著用，虛中有實，實中有虛，似實非實，似虛非虛。

「進之則愈長，退之則愈促」，往前進的時候就可以長了，長就是不管用的是招還是勁，是氣還是鬆，都能延長出去。比如，拳能打一尺，如果把裏頭的東西即內功延長出去，就可以打一尺零一分。如果對方在一尺零一分，我們只能打一尺，你就打不著了，要是能用內功延長一

注：關於這四個功法，吳老曾在 1984 年 4 月武漢太極拳（劍）表演觀摩會上作的報告裏簡略地談過，會後由該會印成《中國太極名家論太極》。《北京中醫》1985 年第四期刊載吳老的「健康長壽與太極拳」一文也做了簡單的介紹，可供參考———周毅注。

分，就能打他，即使沒打著他，可是我們內功順著尖端把它催出去，也能達到他的身上。退，不一定是退步，把跟他接觸的那一點稍微退那麼一點點，他的力量就達不到我們身上。所以下面有兩個譬喻：「一羽不能加，蠅蟲不能落。」現在有好多人評論這兩句，說這兩句不對。殊不知王宗岳是文學家，他用譬喻說得很恰當，很中肯，所以留了這麼兩句話，事實上這是形容之詞。

「人不知我，我獨知人」，才能達到這個程度，所以下面說「英雄所向無敵，蓋皆由此而及也。」下面說的是除太極拳以外，遇到別的拳怎麼樣，所以他說：「斯技旁門甚多，雖勢有區別，概不外乎壯欺弱，慢讓快耳。有力打無力，手慢讓手快。」所以說「是皆先天自然之能，非關學歷而有為也」。不是由於我們練功夫而得的，是先天自然生來力氣大就大，力氣小就小。可是練太極拳不然，能以小力勝大力，能以慢勝快，能以柔克剛，能以弱勝強。

「察四兩撥千斤之句，顯非力勝，觀耄耋能禦眾之形，快何能為。」這裏還得加上兩個字，應該是牽動四兩，才能撥千斤。比如拿大秤稱東西，勢必得把秤砣往前挪，不牽動秤砣就稱不了。「觀耄耋能禦眾之形」，就是說，七八十歲的老人和眾人比，他還能應付裕如。「快何能為」，這時心裏多高興啊。

下面他打個比方：「立如平準，活如車輪。偏沉則隨，雙重則滯。」「平準」這個詞兒好多人不解，據文獻記載，漢朝有個官職叫平準，像現在的科長、局長，是管糧食的。糧食豐收時，他把糧食買進來，旱澇不收時，以

平價把糧食賣出去，有利於人民大眾，是善舉。「立如平準」是說站在那兒就像平準之官似的，心裏很正。換句話說，對方的力到我身上來，可以不要，對方的力量不足，我可以給他添上一點兒，就像平準之官那樣。「活如車輪」，活動起來就像車輪子似的，不要像車軸。「偏沉則隨」，一邊重車就歪了，「雙重則滯」，兩邊全是重的，車就拉不動，即使拉動也翹了。大車趕上下雨陷到泥裏，必須有人去推轅頭，騾馬往前一走才能出去。所以偏沉不對，雙重也不對，現在好多推手，推著推著就斜著給你一下子，把你推歪了，他就算高手了。其實這不對，這是偏沉，也是毛病。雙重分兩種，一種是自己的雙重，一種是跟人家的雙重，就是頂牛。你往這邊來，我也往這邊來，兩人頂在一塊兒了，這是雙重。自己雙重是你又要往外放他，又要往回揪他，所以雙重就滯住了。

「每見數年純功不能運化者，率皆自為人制，雙重之病未悟耳。欲避此病，須知陰陽。黏即是走，走即是黏。陰不離陽，陽不離陰，陰陽相濟，方為懂勁」。王宗岳先生所說的懂勁只指陰陽相濟，並未往深裏研究。「懂勁後，愈練愈精，默識揣摩，漸至從心所欲。」就是說要悟它，漸漸到了我們心所想到的。「本是捨己從人」，就是全身透空，「多誤捨近求遠」，弄錯了反倒捨近求遠了。「所謂差之毫釐，謬以千里，學者不可不詳辨焉。」

王宗岳又說：「以心行氣，務令沉著，乃能收斂入骨。以氣運身，務令順遂，乃能便利從心。精神能提得起，則無遲重之虞，所謂頂頭懸也。」精神能提得起，這很重要。因為一個人無論幹什麼，研究學術，鑽研科學，

精神不提起不成，把精神集中起來，才能有效益。

「意氣須換得靈，乃有圓活之趣，所謂變動虛實也。」意和氣本來是兩個東西。意動，氣必然跟上；氣動，意未必跟上。所以意和氣兩個方面要換得靈。該換意的時候換意，該換氣的時候換氣，該換勁的時候換勁，意不到，其他東西都到不了。

「發勁須沉著鬆靜，專主一方。」在推手中有發勁，怎麼發法呢？就是「沉著鬆靜，專主一方」，然後才能發得正確。

「立身須中正安舒，支撐八面。」我們站在那兒要中正，安靜，心裏坦然，不要胡思亂想，思想集中，靜事而信，很靜很正確，信就是不冤人也不騙人，也不受人騙，能支撐八面，無論從哪面來都能應付。

「行氣如九曲珠，無微不到。」關於氣的問題，以後我談有關太極拳的氣功時再詳加論述。

「運勁如百煉鋼，何堅不摧，形如搏兔之鶻，神如捕鼠之貓。靜如山岳，動若山河。蓄勁如開弓，發勁如放箭。曲中求直，蓄而後發。力由脊發，步隨身換。」就是說，發勁的勁是順哪兒來的呢？是順脊背，其實是順腰發的。為什麼要由腰發呢？因為腰是椎骨第二節，是人身的重心之所在。勁由腰發，既根本，又實惠。「步隨身換」的意思是，身體往前、往後、往左、往右，步子要隨身體走，不要拗住。

「收即是放，斷而復連。」我們往外打，打完以後，馬上收回來，收回來的意思是不至於失重。「斷而復連」是，勁看似斷了，實際上沒有，勁發出去了，已到他身上

了。

「往復須有折迭，進退須有轉換。」往復都要有折迭，比方一件大褂，拎著老長，把它折起來，就可以放在手裏。「極柔軟然後極堅硬，能呼吸然後能靈活。」這研究的是太極功，在極柔軟之中生出來極堅硬，就是說，陰變成陽，陽變成陰，能呼吸才能靈活，關於呼吸的問題，必須練太極拳內功、氣功，才能明白呼吸的道理，這個問題以後再談。

「氣以直養而無害。」他把這句話借來了。「勁以曲蓄而有餘。」勁老有點富裕，攢著一點，不要弄淨了。「心為令，氣為旗，腰為纛。」腰是大帥，這個東西不能動。「先求開展，後求緊湊，乃可臻於縝密矣。」就是說，練的時候儘量先求開展，漸漸往裏收，收了以後就小了。所以架子從大架子到小架子，如能做到這樣，就達到縝密程度了。

王宗岳又說：「先在心，後在身。」這就是我們現在所說的同時發育。「腹鬆，氣斂入骨。」這個問題我已在《宗氣論》裏做了詳細解釋注。有人講「氣斂入骨」的說法不科學。按現在的科學來研究，實際上，氣血都得入骨，入骨後才能隨著脊髓到達大腦，供腦的營養，能做到這樣，才能「神舒體靜」

「一動無有不動，一靜無有不靜，牽動往來氣貼背，斂入脊骨，內固精神，外示安逸。」怎樣表現呢？就是

注：吳老所著《宗氣論》刊載於《武當》雜誌總第 4 期，請參閱───周毅注。

「邁步如貓行，運動如抽絲。」練太極拳的人常常講什麼抽絲勁，纏絲勁，其實他沒懂這句話的含義。抽絲不是勁，是說運動像抽絲似的。因為絲很細，用力大斷了，用力小抽不出來，就是說，既不能過強，也不能過弱，不能過急，也不能過徐，運勁要做到十分自然。

「全身意在精神，不在氣，在氣則滯。有氣者無力，無氣者純剛。氣如車輪，腰如車軸。」王宗岳還說：「掤捋擠按須認真。」掤捋擠按是太極拳的四種勁，不是方法。「上下相隨人難進」，掤捋擠按用得很熟，對方就沒有機會進到自己的身上。「任他巨力來打我」，這時我就要「牽動四兩撥千斤」。「引進落空合即出，沾連黏隨不丟頂。」引進對方落空了，這時就是合機合勢；不丟頂是不丟不頂的意思。聽著很容易，實際上很不好做，不是丟，便是頂，非得爐火純青，心意很靜，才能做到不丟不頂。

「彼不動，己不動，彼微動，己先動。勁似鬆非鬆，將展未展。勁斷意不斷。」對方不動，我也不動，這是一種說法。還有一種說法，對方不動而我來動。「彼不動，己不動」，也可以說，他不動而由我來動，即所謂主動與被動的問題。「彼微動，己先動」，就是動在他頭裏。關於這一點也有兩種說法。一種是我們身上感覺反應特別靈敏，他要動我們就知道了。另一種是後發先制，他一動，我們也動了，看起來好像是動在他的後頭，實際我們這一動，觸及他的要害，他必然要變化，他這一變化，我們就由被動變成主動。「似鬆非鬆」，像是鬆可又不是鬆，「將展未展」，將要開展可也沒開展，勁斷了，意不能

斷，這些都是推手時應當注意的問題。

王宗岳又說「十三總勢莫輕視」「刻刻留意在腰間」，腹內要鬆要淨，氣自然就騰然了。「尾閭中正神貫頂」，這好像拿一根繩子把一個人繫住了。頭頂上繫一根繩子，底下繫一根繩子，這個人左右前後，無論怎麼歪，怎麼斜，自然拉他不動，移動不了。尾閭中正，精神貫頂，滿身輕利了，也就是所說的頂頭懸。

「入門引路須口授，功夫無息法自修」，為什麼說必須要口授呢？因為學太極拳必須按部就班地按路子來學。變化也講了，能不能體會呢？這是一個問題。古人說「仁者見仁，智者見智」就是這個道理。如果口授就好辦了。哪個地方不明白就問，老師知道就告訴你，不知道，研究後再告訴你。功夫不能休息，一定要按部就班，每天怎麼練，必須怎麼練，注意些什麼，怎樣才能收到效果，法要自修，老師教了半天，自己不練，也不體會，也不悟，就學不好。孔子說過：「學而不思則罔，思而不學則殆。」體跟用以哪個為標準呢？

「意氣君來骨肉臣」，就是意氣為主，骨肉為賓。「想推用意終何在，益壽延年不老春」，技擊不過是餘事，不是主要問題。

王宗岳所持之論，側重實際功夫，對於三豐先生的主張演繹頗詳，實在是不愧為親傳的弟子。有人說不是親傳的。這個問題還沒有解決，因為缺乏文獻。王宗岳先生所說的「無過不及，隨曲就伸」「變化萬端，而理為一貫」，這裏由博反約，非常恰當。他又講：「由著熟而漸悟懂勁，由懂勁而階及神明」，當然不會真的到了神明之

境，只是走向神明之境，雖不能至，心嚮往之，這一點未免有美中不足之感。

「虛靈頂勁，氣沉丹田，不偏不倚，忽隱忽現，左重則左虛，右重則右虛」，這不過是重複一遍沾連走隨而已。「每見數年純功不能運化者，率皆自為人制，雙重之病未悟耳。欲避此病，須知陰陽。黏即是走，走即是黏。陰不離陽，陽不離陰，陰陽相濟，方為懂勁。懂勁後，愈練愈精，默識揣摩，漸至從心所欲。本是捨己從人，多悟捨近求遠。」這一段也不過是重複連隨，距懂勁之境尚遠，不過瞭解沾走連隨耳。這個問題，在我寫的《太極拳之研究》一書的第七章有所論述，可惜這本手稿在十年動亂中遺失了，以後想起來再補上。

「發勁須沉著鬆淨，專主一方，立身須中正安舒，支撐八面。」「往復須有折迭，進退須有轉換。極柔軟然後極堅硬，能呼吸然後能靈活。」這一段說的也很好。他還說：「一動無有不動，一靜無有不靜。」這兩句最妙了，深得個中之妙。「彼微動，己先動」，這個說法非常之高。我以前說的「機先動靜」，就是這個道理，然非篤功能者，其孰能之。最後「意氣君來骨肉臣」，其用意不失延年益壽之志，闡明了三豐先生之正義。

王宗岳先生對太極拳研究得深刻，領悟得透徹，理解得正確，誠所謂前繼古人，後開來者。

明末清初時，有一人叫黃百家。他得到王征南先生之真傳。因為那時王征南先生家境很不好，所以收他當徒弟，在鐵佛寺跟他學。黃百家跟王征南學的拳術，感覺很不好記，他就隨學隨記，記了一個相當的時候，就寫成一

本書，叫「內家拳法」，然後把這本書讓王征南看。王征南說，我幾十年的功夫，才記得這麼清楚，你幾年居然能把它寫出來，雖然這是一件好事，但恐怕你的功夫就不能完全進步了。內家拳法也是先師張三豐先生所授，其中有練手的方法三十五種，練步法的十八種，練打法的若干種，還有穴法若干種，常犯的毛病若干種，還有六路、十段錦等等。按照他的拳式，看他的形態，跟現在的太極拳不同，所以有南派內家拳之稱。

黃百家先生常常說：「而其要則在乎練，練既熟，不用顧盼擬合，信手而應，縱橫前後，悉逢肯綮。」他講的這個問題給他分析一下。「而其要則在乎練」，一開始我以為這是一個很平常的道理，可是仔細一研究，他說的這句話很有道理。因為一般所謂練，跟真正的所謂練不一樣。一般的所謂練，就像吃麵條似的，一下就吃進去了，就飽了。可是真正會吃麵條的，不是這樣，麵和的軟硬，煮的生熟，抻的長短，資料的好壞，不一樣，所以吃到嘴裏，味道也就不一樣。這是拿吃麵做比方，練拳也如此，同是一樣地練，而所得的結果不一樣。

所以他說的「而其要則在乎練」是很對的。希望練太極拳的人注意這個「練」字。練久了就熟了，熟能生巧，所謂熟不見得精，由熟生出巧，由巧取其精華，這才算收到效果。到了這個程度，才能不用顧盼擬合，信手而應，縱橫前後，悉逢肯綮。他又說：「熟久智生，化然心開。」這不過是招熟而已。「遠瞻古人，真不啻有天壤之別也」，他所主張的這一段，跟以前那些人的談話，還差得很多，還是皮毛。

　　蔣發是河南人，以做豆腐為業，在西安開豆腐房，很喜歡練拳。究竟蔣發是跟王宗岳學的呢，還是跟他的再傳弟子學的呢？我考察過幾次也沒考察清楚，不過這兩個人的時代中有個空白的地方。希望研究太極拳的人，將來發現資料，再給他補進來。蔣發沒有什麼著作。有一個叫杜育萬的，是練蔣發套路的，他說蔣發傳授了山西失傳的歌訣，因為山和陝的音相同，所以蔣發是在西安學的。

　　他的歌訣是，第一段「筋骨要鬆，皮毛要攻，節節貫串，虛靈在中」，第二段，「舉步輕靈神內斂，莫叫斷續一氣研，左宜右有虛實處，意上寓下後天還」。後面還有注。第一句的注是：「舉步時周身要輕靈，尤須貫串，氣宜鼓蕩，神宜內斂。」第二句的注是：「無使有凸凹處，無使有斷續處，其根在腳，發於腿，主宰於腰，形於手指，由腳而腿而腰，總須完整一氣，向前退後，乃能得機得勢。有不得機得勢處，身便散亂，其病必於腰腿間求之。」第三句注：「虛實宜分清楚，一處自有一處虛實，處處總此一虛實，上下前後左右皆然。」第四句注：「凡此皆是意，不在外面，有上即有下，有前即有後，有左即有右，意欲向上，即寓下意，若將物掀起，而加以挫之之力，其根自斷，必壞之速而無疑。總之，周身節節貫串，勿令絲毫間斷耳。」這是四句的注解，我們再回過頭來看他的歌訣不過是把王宗岳著作簡練了一下，拿幾句話把它概括起來。他的注解完全是王宗岳先生的注釋，沒有什麼特別的東西。

　　由這一點可以看出，是由王宗岳著作脫胎而來的，這沒問題。由他的歌訣傳給蔣發，蔣發傳給陳長興。但陳長

興家裏沒有這個東西，也沒有王宗岳的論述。由這來看，陳長興是得了蔣發的一點功夫，理論沒有得到。陳長興、楊露禪、楊班侯、全佑，這些先生全都沒有著作。雖有各種相傳，造詣如何，未可依據，甯付闕如，不敢妄論。到民國以後，如楊少侯先生的輕靈奇巧，吳鑒泉先生之黏放柔化，均能各盡其妙，名噪一時。學者如能細心比較、研究，即可仁者見仁，智者見智，雖然取捨之道，要在學者善用其機能而已。

此太極拳之造詣之大略也。這是我在一九四四年二月三日寫的，當然這些年對各名家之造詣，還有些新的發現，因為時間關係，暫時先談到這兒。

縱觀起來，以上所說歷代名家之造詣，指的都是什麼呢？就是因為這些位專家，每人都有一個相當的著作。根據他們的著作，把其中有關太極拳發展的有用的東西提出來加以分析研究，然後確定它在太極拳的運用上、效益上有什麼特殊的地方，有什麼效果。所謂的造詣，換句話說，這些位先師，每人程度如何，這樣可以供今後研究太極拳的人做一個參考，免得他們各處去找材料，找來以後，鑒別看法，還得重新搞，那就費事多了，不如我約略地把它整理出來，作為各位的他山之助。

由程靈洗起一直到蔣發都有所著作，可是以後這些位老專家就沒有著作了。我在前面講的不過約略地說了一下。現在我想有再詳細說明一下的必要。比如說，陳長興說他形似木雞，當時人稱他為「牌位先生」。陳沒有著作，可是根據他形似木雞稱為牌位先生。由於大家的傳說，可以判斷這位老先生必是一位很端莊、很正經的人，

換句話說，不會有多麼玲瓏活潑，這樣也可以探討出來，陳先生得到蔣發的傳授，悟的不透。前面蔣發講的，身體要靈活、動作要敏捷等等，可是陳家裏並沒有蔣發的著作。陳家裏是按形似木雞的牌位先生那樣練的。很明顯，他本身是炮錘的底子，不能完全脫離而真正做到太極拳之柔化輕脆。

以後楊露禪先生雖然得到陳長興之傳授，因為他功夫也很大，他原來是得病，想急於求成，即先把病弄好，這樣他下的工夫很大。另一方面，楊露禪先生身體很魁梧，再加上靈活，所以楊露禪先生在太極拳中佔有轉折的地位。他的兒子楊班侯，是個細高挑兒，功夫也很大，得他父親傳授也很真，練的很純，功夫很棒。練的時候因受時勢的限制，即各種拳術都在競爭，各自宣傳各自的好處，而太極拳又跟其他拳術不一樣，所以到北京以後，要想在當時的武術界能夠站住腳就必須有相當的造詣。所以受時局的限制，社會勢力的侵襲，他不能不多下工夫，自強不息。因此楊班侯先生在清朝神技營獨佔鰲頭，他的徒弟全佑、凌山、朱萬春，三人是滿、蒙、漢。

全佑是鑲白旗蒙古，烏甲拉氏，北京旗名叫全佑。他是個矮胖子，兩縷鬍子留得很長，有人說他很像動物中的文鬚鳥。他很有耐性，而且也很能適應環境。他當時擔任護衛，和端王推手，因為是王爺，只好忍氣吞聲，你怎麼推我就怎麼走，你怎麼接我就怎麼變，所以很受端王寵愛，因此他養成一種柔化的功夫，這是時勢所趨，大勢造成。他們這些人都不識字，所以沒有遺著問世。只有根據傳說對他們評價。

　　當時有兩部著作，一部是端王寫的《武壇隨錄》，還有一部是楊露禪被請到北京來，京西四王府天意醬園的東家叫張鳳歧，是他請來的，醬園裏還有一位把式，就是現在的工程師，叫侯德山，他們兩人跟露禪先生學，隨時記下，寫成一本書叫《張氏隨筆》。

　　這兩部書，原稿我原來都有，文化大革命中被人拿走，現正在尋找中。這兩部書裏面所講的也就是露禪先生平常教他們的功夫，跟我們現在講的大致相同。因此，他們的造詣如何，可以這些作為根據。

　　到民國以後，楊少侯，即我的老師，得到祖父楊露禪的傳授，還有他過繼的父親即伯父楊班侯親自教他。他所學的東西比較真實，並且此人也是一個很自強的人，生平不苟合，教徒時也選擇得很嚴。另外，他的功夫很純熟，他講究輕靈奇巧，尤其長於凌空勁，就是對這個人一見手時，其離而未發，即能知其將發，彼何處欲動，即能知其將動，在動靜之間，變化之間，能用很巧妙的辦法，把對方的力量牽起來，然後再放下去，所以當時名望甚大。

　　全佑的兒子，名愛紳，號鑒泉。民國以後，都要改成漢姓，加個吳字，所以叫吳鑒泉。他是我的啟蒙老師，他人品很好，沉默寡言，謙虛實在。他父親長於柔化，所以他也長於沾放柔化等勁。他教的人很多，這些人都能各盡其妙，名噪一時。因此，學太極拳的人，從程靈洗到吳鑒泉，細心比較一下，用銳利的新方法，即可仁者見仁，智者見智。雖然這麼說，但也有取捨之道。學太極拳的人，要善於運用自己的機能，然後才能得出自己的應有的學到的練到的，如果粗心大意，雖然談了各家之造詣，看過之

後不加以細細分析，也得不到好處。學的人要特別用心，一方面分析研究，一方面加強鍛鍊，如果身心一齊發育，才能真正得到太極拳之要領。

我個人為什麼要寫這篇文章呢？原因是探討太極拳這麼多年，這麼多人，有這麼多變化，究竟是幹什麼？為什麼我們要練太極拳，而不練別的？這也是我的業餘愛好，研究科學之餘下的功夫。總起來說，我個人以為，太極拳所有名人，有著作跟沒有著作的，都是要把人的身體練得強強壯壯的，精神活活潑潑的；另一方面，推遲衰老，延年益壽，這就跟養生長壽有一定的關係。

我個人原來是個病包，後來練好了，得到了真正延年益壽的效果，為什麼我不把這個東西公佈於世呢？使身體虛弱的有志鍛鍊的人得到一點裨益？

我是怎樣研究的呢？因為我是學科學的，所以，由人之所以生，跟人之所以死，從這兩方面來研究。孔子說過：「未知生，焉知死。」古代先知對此也很重視，我們後生小子哪有不重視的道理呢？一開始我是由胚胎學研究起的。就是說人從哪兒來的，這不是指考古學人是由猿變來的，而是說一個人是從哪兒來的。接著往下研究，怎樣使你隨著年歲而成長，成長時應當用什麼樣的飲食，什麼樣的練法，然後使你身體充分發育起來，以後根據生理、解剖、衛生、生物化學、生物物理等各種科學，研究人如何延長壽命。就是說，得有一個試驗的人，當時找不出這樣的人，就拿自己做試驗。

在人的一生中，隨波逐流，在幾十年之中，環境之變化、生活之變化等等，都給我們一個問題：你要想活著，

你該怎麼辦？然後用科學方法解決，一個解決了再解決一個。當初我的計畫是，古人云：「人生七十古來稀。」我先活到七十歲，活過七十歲，又活過八十歲，又活過九十歲，又活過一百歲。前幾年黨和政府給我辦一百歲大壽時，我們館長張國基同志說，要向二百歲而奮鬥，就是說黨和政府交給我一個任務，要我活到二百歲。

我現在就向這個方向走，用各種科學方法，用各種養生長壽的方法。搞了一部學說，叫做「養生長壽學與太極拳」，即用太極拳為養生長壽的一種手段，光講養生長壽而沒有一種相應的科學鍛鍊方法是不行的。另外，光鍛鍊而沒有養生長壽的條件也是不行的，就是說，又要養生養得好，又要長壽條件好。另外，太極拳也要鍛鍊得合適。至於說究竟能活到多大歲數，目前還解決不了，因為現在我還活著，什麼時候死，還不知道。我自己定出一個理想的辦法，即一個人既然鍛鍊身心同時發育，臨死前一秒鐘，還要四肢百體運轉自如，腦子思維還要相當清楚，言語還要能說，呼吸暢通，否則生活不能自理，徒給家眷帶來苦惱，自己也苦惱。

所以說，一個人研究太極拳，應以養生長壽這個原則跟太極拳互相配合，達到推遲衰老之目的。研究推遲衰老跟養生長壽，跟祛病延年，跟練太極拳巧妙的地方。初步地說，要練到十個字，即「準、是、穩、脆、真、恰、巧、變、改、整」。如果能練到這十個字，自然動作活潑，思想敏捷，對於一切事物的處理，對於科學之研究，對於應付環境之變化，尤其對我國政策的體會就會特別深。這十個字我略微解釋一下。

準，推手時用得著，我們這隻手去了，不到你的胸部，就到中部；

是，比如我們用的是攬雀尾就得用攬雀尾，用搬攔捶就是搬攔捶；

穩，去的時候不是飄飄搖搖的，而是穩穩當當的，十全十美的，各方面都顧及到了；

脆，太極拳講究發人，到時候突然一發就出去了；

真，真的就是真的，沒有一點含糊，你一伸我故意往後一退，這就不對了，要實事求是；

恰，時間上要恰如其分，不快也不慢，不能急也不得徐，說到哪兒就到哪兒；

巧，巧者變也，對他巧妙，即彼不動己不動，彼微動己先動；

變，估計錯了，去了，一看不對了，就得趕快變；

改，不對就改；

整，由頭至足，無一處不輕靈，無一處不堅韌，無一處不沉著，無一處不順遂，通體貫串，絲毫無間。這樣來適應環境，研究學術，以求競存於現世，都可達到我們的目的，尤其對四化才能盡到我們的責任，為國家出力。

太極拳歷代名家之造詣暫談到這裏。以後如有時間，再有發現，隨時加以補充。以為讀者他山之助，想亦為讀者所樂聞焉。

這一著作是在 1939 年寫於西北聯大，1988 年 7 月 31 日修訂的，一併奉聞。吳圖南時年一百有六歲。

關於太極拳的四種功

（摘自在 1984 年武漢國際太極拳、劍邀請賽上的講話）

練太極拳要達到精湛的地步，必須得下一番工夫。問題是，究竟下什麼工夫呢？過去的一些太極拳著作，沒有一個很規律而又系統的說明。在舊社會，中國武術界是很保守的。過去有一種習慣，叫傳拳不傳功，要學功，得先拜師傅，當然，這是封建傳統。所以如此，有它的一些社會因素和客觀原因。

今天不同啦，為了提高人民的健康水準，做好我國的四個現代化，我們，特別是老一輩的專家們，有責任把我們多年積累下來的寶貴經驗貢獻給國家、給人民。我就是抱著這個態度來講這個問題的。

我研究太極拳有幾十年了，對骨骼、關節、肌肉等在每個姿勢中的位置是否符合生理上的特點，是否順乎自然之發育，曾做過大量調查和科學整理。由此我得出這樣一個結論：姿勢正確是基礎，基礎不牢不穩，樓就蓋不起來，就很難提高。怎樣才算姿勢正確呢？我個人認為，姿勢要跟原來的名稱相符合，動作自然，表裏如一，得心應手，這樣才能達到鍛鍊的預期效果。

根據我個人幾十年的體會，我把太極拳的功概括地歸納成四種。

第一是著功

所謂著功，簡單地說就是你往我來，一式一用。比如你練搬攔捶，你應該知道它是幹什麼用的，怎麼叫搬，怎

麼叫攔，怎麼叫捶。其他如攬雀尾、單鞭、左右分腳、山通臂等等都是著。著要熟，要運用得很熟練。有了初步著功，才有可能進一步提高。王宗岳的《太極拳論》裏講「由著熟而漸悟懂勁」，也就是這個意思。

打個比方，對方打我一捶，我如何避開這一捶，這時可以分為三個階段。一個階段是對方將要打，剛剛出手的時候，你如何使之變化；一個是打出來，你如何使他的力量達不到自己身上；第三個是打到身上了，對方的力量已經傳導到身上了，如何應用內在和外在結合起來的一瞬間，千分之幾秒，轉移對方力之方向，使他的力折回去，回到自己身上去，使他力不從心，失去平衡，並把他彈出去，這些都屬於著功。

第二是鬆功

一般練太極拳的都講鬆，可是究竟怎麼鬆？講不清楚。我就見過有人練了好多年，自以為鬆得不錯了，可是我一看，不是鬆，而是懈。

太極拳要求鬆，是鬆而不懈。所謂鬆，是指你的四肢百體關節韌帶無一個地方不柔和。我給它歸納成四句話，就是前面提到的無一處不輕靈，無一處不堅韌，無一處不沉著，無一處不順遂，然後才能達到通體貫串，絲毫無間。鬆才能沉，能鬆必能沉。要使關節、韌帶、肌肉等鬆開、柔韌、活動自由、富有彈性，都能聽你自由指揮調動，就必須由練鬆功，才能達到這個目的。

第三是勁功

為什麼叫勁？就是區別於力。力代表一般的力，我管它叫拙力。而勁不同，勁是極活動的東西，它既沒有一定

的大小，也沒有一定的剛柔，但它又剛又柔，又鬆又緊，
又快又慢，又不即又不離。

為什麼要練勁功呢？比方說，對方一著接一著，連續
幾著合起來，這時你如果光會著功，就將應接不暇，顧此
失彼，這時你就非用功不可。

勁功就是除去腰脊為主宰之外，其餘所有部位都能隨
機應變，他怎麼來，我就怎麼變化，在不知不覺之中，收
到可用之效。這就是勁功勝過著功的道理。

第四是氣功

我這裏指的是太極拳的氣功，是太極拳本身的功夫，
不是一般所說的氣功。王宗岳的《太極拳論》以及《十三
勢歌》《十三勢行功心解》等談到氣的就有十五六處之
多，諸如氣沉丹田、氣宜鼓蕩、氣遍全身、以心行氣、以
氣運身、行氣如九曲珠、能呼吸然後能靈活等等。可見氣
在太極拳裏是十分重要的。

太極拳的氣功包括兩個部分，一個是運氣，一個是使
氣。運氣就是把氣吸進來，存在丹田；呼氣時，以心行
氣，用意念引導到讓它去的部位，慢慢出氣，時間久了，
它就能按照你的心思去做。運熟了，儘管五臟六腑是不隨
意肌，由交感作用，也能聽你指揮。這就是所謂運氣。

進一步是使氣。就是說，你讓它到哪兒，它就到哪
兒；你讓它起什麼作用，它就起什麼作用。這就是使氣。

透過練我們的氣，蓄我們的氣，使我們本身的元氣跟
吃五穀雜糧得到的精微之氣，以及天地呼吸之氣，融會貫
通，合在一起，為我所用，由內臟到肌肉，由肌肉到腠
裏，由腠裏到皮膚，由皮膚到毛細孔，再由毛細孔把它放

出來，延長出來，使這種氣達到對方身體，而且使這個氣跟對方的氣結合到一起，來指揮對方的一呼一吸，這就是我們所說的太極拳的氣。有了這個功就不用顧盼擬合，信手而應，縱橫前後，悉逢肯綮。

　　練太極拳不瞭解太極拳的氣功，不瞭解內在外在之氣，等於你沒練，也可以說你還沒有十分懂得太極拳的道理。一般說的結合呼吸練拳，比如伸手為呼，回手為吸等等，這只是很初步的東西。問題不這麼簡單，不是三言兩語能夠講透的。我現在正在著手寫《宗氣論》，這裏面談得比較詳細，等我寫完以後，再跟大家見面，並希望能得到同志們的指正。

鬆 功 論

太極拳其根在腳，發於腿，主宰於腰，形於手指，由腳而腿而腰，總要完整一氣，向前退後，乃能得機得勢，有不得機得勢處，身便散亂，其病必於腰腿求之。凡此皆是意，不在外面，意欲向上，即寓下意，有前即有後，有左即有右。此太極拳通論，人所共知也。然何能至此，迄未言之，此予鬆功論之所由作也。

夫人體猶植樹然，根深則蒂固，本固則枝榮，樹之所以經大風而不傾折者，在根深而本固也，太極拳之所以推挽不移者，亦如是也。於是乎鬆功尚焉。

雖然，予創此鬆功，乃由多年體會、多年實踐所得之結論，並未集思廣益，難免無閉門造車之弊，深望廣大太極拳愛好者，不吝嘉言，共促中國醫學太極拳能在普及基礎上有所提高，則幸甚矣。

凡練習太極拳者，皆知鬆、沉為太極拳主要之條件，而於練法與原理，則未見其著述，因此不揣愚陋，略為論述，並創上肢鬆功，軀幹鬆功，下肢鬆功，全體鬆功，凡十五勢，大膽嘗試，作為拋磚引玉而已耳。亦即言者無罪，聽者有戒之義也。

鬆者，蓬鬆也；寬而不緊也；輕鬆也；放開也；輕鬆暢快也；不堅凝也；含有小孔以容其他物質之特性也。凡此種種，皆明示鬆之意義也。

功者，勞績也；成效也；事物之效用也；行為之效用，所生之作用也；對事物所顯著之功用與力量也；生理

器官之本能，如關節之動轉也；鍛鍊所費之時間也。凡此種種莫不皆明示功之意義也。

鬆功鍛鍊過程，常有各個關節動作不如己意之感，精進不已，漸覺略感隨意，久而久之，方感動作裕如，隨心所欲，處處靈活，此時方知各個關節聽我所用，周身隨意肌方能隨意也。不然，我之周身並不聽我所用，活人乎？病人乎？實難言也。故中國醫學太極拳對人體慢性病與病後恢復期能起顯著療效者，良以此也。

鬆功之要，首在提舉，提舉愈高，下落愈速。有人不解提舉之理，以為非鬆功也，殊不知向上提舉有如扛鼎，不能上，安能下？向上不鬆，下安能鬆？學者宜深切體會之，方自得也。

鬆功如高舉珠，倏然而斷，有如斷線珍珠，粒粒下落，如珠走盤，圓活異常，節節貫串，魚貫而下，方顯活潑而不遲滯，動作自然，順乎規律，發育身心自然之條件，合乎生理自然之能力，證之科學亦無不合也。

鬆功之效，以樹為例。大風吹柳，枝條搖動，呼嘯有聲，任其搖擺而根不拔者，以其柔韌而順遂也。風吹白楊，枝葉作響而本不動者，以其枝葉抖擻也。風吹松柏，寂然不動而體氣和平者，以其應物自然也。人身經由練習鬆功之後，走如風，站如釘，立如松，坐如鐘，臥如弓，周身無一處不輕靈，無一處不堅韌，無一處不沉固，無一處不順遂，通體貫串，絲毫無間，一處受警，該處立即反射以應之，其他各處不受牽連，周身如點，均能反射，亦即處處是手，不單靠兩手兩足也。

其便利為何如哉！在生理方面，暢運血脈，活動筋

骨，身心發育，應物自然，方顯圓活之趣，而無遲重之
虞，氣遍周身，強身健體，自在其中矣。且鬆功練習既
久，上下左右前後均能鬆展裕如，有如常山之蛇，擊其首
則尾應，擊其尾則首應，擊其中則首尾俱應，呼應靈活，
動作自然，有返其天真之妙。對於人體預防抻傷、扭傷、
脫臼以及畸形發育，均有莫大之裨益。中老年練習者，能
推遲人體之衰老，或預防關節之硬化。此為太極拳鬆功之
特點，學者如能持之以恆，堅持不懈，自能收強身健體之
效，學者不可不知也。

　　在練習鬆功之初，首先宜注意姿勢之是否正確？動作
之能否自然？初練之時，往往有動作不從心之感，是未鬆
開之現象，關節不能柔韌之表現。筋骨不活，血脈運行不
暢，未能順乎生理機能之所致，須耐心衝過此一關，然後
自然有成，不可灰心而輟也。

　　中國醫學太極拳之鬆功，自有其科學上之根據。蓋人
體生存於地球之上，莫不受地心之吸引（失重除外），因
此下降愈速則愈顯沉，能鬆則吸引下降愈速，愈速則愈顯
沉，沉寓於鬆，無鬆即無沉。沉者，墜也。下降愈鬆則沉
之愈重。故鬆功之鬆與沉，可同時收效，此宇宙自然之理
也。學者宜探討之。

　　中國醫學之太極拳，經由鬆功之鍛鍊，對於太極拳之
形與勢亦有莫大之效益。形者，若決積水於千仞之谿，水
之性，避高而趨下，決之赴深溪，因湍浚而莫之禦也。太
極拳鬆功，能乘敵之不備，掩敵之不意，避實而擊虛，亦
莫之制也。勢者，阪上走丸，言其易也，鬆功既熟，有如
轉圓石於千仞之山者，勢也。勢如破竹，迎刃自解。故太

極拳鬆功既成，則能本乎人生天然優美之發育，順先天自然之能力，使全體得充分之發展，謀一生永久之健康，意在斯乎！意在斯乎！此予鬆功之所由作，良以此也。

中國醫學向主不治已病治未病，西醫亦以防治為主，醫療為輔，此中西之通論如此也。而太極拳之鬆功，則使人體各個關節既輕鬆暢快，又靈活異常，既堅韌柔和，又寬而不緊，既無鬆懈乏力，又無堅凝不舒，通過鍛鍊，養成骨節靈敏，韌帶柔韌，肌肉靈活，曲伸自由，如堅持以恒，能推遲衰老，與其得病而牽引，孰若未病練鬆功，久而久之，推、拉、挽、轉不能稍移，抻、扭、撮氣，無由而生，順其生理之機能，維護功能之永保。

在技擊方面，人不能到而己能到，語曰：「不怕力大一石，只怕筋長一分。」即此義也。在鍛鍊每章中已說明者，不再重述，學者如能前後精讀、細究，反覆琢磨，參透其中深意，則強身健體健康長壽，自在其中矣，學者幸勿以予言為河漢也，是為論。

宗 氣 論

太極拳在鍛鍊過程中，欲達到高極精湛之目的，必須練太極功，以促進其精進。予曾先後創作「著功」若干則，「勁功」若干則，「鬆功」若干則。透過學者練習，確認其確實能收到裨益。茲將太極拳內景，編著太極拳「氣功」若干則，以示學者，先由宗氣入手，因作《宗氣論》。

太極拳所謂無極而太極者，不可極而極之之謂也。《易》曰：「寂然不動，感而遂通。」丹書云：「身心不動以後，復有無極真機。」言太極之妙本也。是知氣功所尚者，靜定也。蓋人心靜定，未感物時，湛然一理，即太極之妙也。一感於物，遂有偏倚，即太極之變也。苟靜定之時，謹其所存，則一理常明，虛靈不昧，動時自有主宰，一切事物之來，俱可應也。故靜定工夫純熟，則有不期然而然者，自然至此無極真機之境，於是乎太極拳之妙應既明，天地萬物之理悉備於我也。

天地萬物，非氣不運，非理不宰，理氣相合，而不相離者也。蓋陰陽者，氣也。一氣屈伸，而為陰陽動靜也。理者，太極也；本然之妙也；所以紀綱造化，根柢人物，流行古今，不言之蘊也。是故在造化則有消息盈虛，在人則有虛實順逆。有消息盈虛，則有範圍之道，有虛實順逆，則有調劑之宜。斯理也，實難言之。故包羲氏畫之，文王彖之，姬公爻之，仲尼贊而翼之，黃帝問而岐伯陳之，越人難而詁釋之一也。但經包、文、姬、孔則為

《易》立論，於岐、黃則為靈、素辨難，於越人則為《難經》，書雖不同，而理則一也。

知理一，則知《易》以說陰陽，而《素問》，而《靈樞》，而《難經》，皆本陰陽而闡論也。《易》理明則可以範圍天地，曲成民物，通知乎晝夜。《靈》《素》《難經》明，則可以節宣化機，拯理民物，調燮扎瘥疕癘而登太和。故精於太極拳者，必深於易而善於醫；精於醫者，必由通於太極拳，而收不藥而醫之療效。術業有專攻，而理無二致也。其洞徹理合氣之旨，會理之精，立論之確，即通乎太極拳體療之義，比之拘方之學，一隅之見者，則有至簡至易之體療作用，其太極拳之特徵歟？質之身受太極拳之效益者，必以予言為然也。

故太極拳之妙用，在能運用天地大氣鼓蕩。人身非此氣鼓蕩，則津液不得行，呼吸不得息，血脈不得流通，糟粕不得傳送。

《素問·陰陽應象大論篇》曰：「天氣通於肺，地氣通於嗌（嗌，咽喉也。《史記》：『飲食下嗌。』），風氣通於肝，雷氣通於心，穀氣通於脾，雨氣通於腎。六經為川，腸胃為海，九竅為水注之氣。」是以天人一致之理，不外乎陰陽五行。蓋人之氣化而成形者，即陰陽而言之。夫二五之精，妙合而凝，男女未判，而先生此二腎，如豆子果實出土時兩瓣分開，而中間所生之根蒂，內含一點真氣，以為生生不息之機，名曰動氣，又曰原氣，稟於有生之初，從無而有，此原氣者，即太極之本體也。名動氣者，蓋動則生，亦陽之動也。此太極之用所以行也。兩腎，靜物也。靜則化，亦陰之靜也。此太極之體所以立

也。動靜無間，陽變陰合，而生五行，其命門之謂乎？《素問》曰：「腎藏骨髓之氣。」《難經》曰：「男子以藏精。」非此中可盡藏精也，蓋腦者髓之海，腎竅貫脊通腦，故云如此歟！故有經云：腎氣經於上焦，營於中焦，衛於下焦。《中和集》曰：「闔辟呼吸，即玄牝之門，天地之根。」所謂闔辟者，非口鼻呼吸，乃真息也。《黃庭經》曰：「腎部水王對生門（即臍也）。」越人曰：腎間動氣者，人之根本也。於斯可見，太極拳養腎間之動氣，意義之宏偉也。

是故兩腎間之動氣，非水非火，乃造化之樞紐，陰陽之根蒂，即先天之太極，五行由此而生，臟腑以繼而成，非有形質之物，學者宜深思之。

《素問・金匱真言論篇》曰：「北方黑色，入通於腎，開竅於二陰（大小便）。」左腎為壬，右腎為癸（壬癸皆水也）。《素問・六節臟象論篇》曰：「腎者，主蟄，封藏之本，精之處也。」受臟腑之精，而藏之也（精亦水也）。因其皆屬水，且火高水下，水火不相射，以維持臟腑之平衡，則百病不生，此太極拳之燮理陰陽之理，學者不可不察也。

動氣或原氣之說，概論於前，現將宗氣再說明之。宗氣者，為言氣之宗主也。此氣搏於胸中，混混沌沌，人莫見其端倪，此其體也。及其行也，肺得之而為呼，腎得之而為吸，營得之而營於中，衛得之而衛於外。胸中即膻中（膻中：胸中兩乳間曰膻。《素問・靈蘭秘典論》：「膻中者，臣使之官，喜樂出焉。」），膻中之分，父母居之，氣之海也。三焦為氣之父，故曰宗氣出於上焦。營氣

者,為言營連穀氣,入於經隧,達於臟腑,晝夜營周不休,始於肺臟而終於肺臟,以應刻數,故曰營出中焦也。又曰:營是營於中。又曰:營在脈中(世謂營為血者非也。營氣化而為血耳。中字非中焦之中,乃經隧中脈絡中也。《素問・痹論篇》云:「營者,水穀之精氣也,和調於五臟,灑陳於六腑,乃能入於脈也。」)。

衛氣者,為言護衛周身,溫分肉,肥腠理,不使外邪侵犯也。始於膀胱而終於膀胱,故曰衛出下焦也。又曰:衛是衛於外。又曰:衛在脈外(此外字亦非純言乎表,蓋言行乎經隧之外也。《素問・痹論篇》曰:「衛者,水穀之悍氣也,其氣慓疾滑利,不能入於脈也,故循皮膚之中,分肉之間,熏於肓膜,散於胸腹。逆其氣則病,從其氣則愈。」)。夫人與天地生生不息者,蓋一氣之流行爾。是氣也,具於身中,名曰宗氣,又曰大氣,經營晝夜,無少間斷。《靈》《素》載之,而後人莫之言也。後人只知有營衛,而不知營衛無宗氣曷能獨循於經隧行呼吸以應息數而溫分肉哉?

此宗氣者,當與營衛並稱,以見三焦上、中、下,皆此氣而為之統宗也。《靈樞・五味篇》曰:「穀始入於胃,其精微者,先出於胃之兩焦(中、下焦也),以溉五臟。別出兩行,營衛之道。其大氣之摶而不行者,積於胸中,命曰氣海(大氣即宗氣,氣海即膻中)。」又《靈樞・邪客篇》曰:「五穀入於胃也,其糟粕(下焦)、津液(中焦)、宗氣(上焦)分為三隧。故宗氣積於胸中,出於喉嚨,以貫心脈,而行呼吸焉(此出上焦為一隧也)。

營氣者，泌其津液，注之於脈，化以為血，以榮四末，內注五藏六府，以應刻數焉（此出中焦為一隧也）。衛氣者（在內有溫養五臟六腑之功能，在外有溫養肌肉、潤澤皮膚、滋養腠理、啟閉汗孔等作用），出其悍氣之慓疾，而先行於四末、分肉、皮膚之間，而不休者也。晝日行於陽，夜行於陰，常從足少陰之分間，行於五藏六府（此出下焦為一隧也）。」《靈樞・營衛生會篇》：「黃帝曰：『願聞營衛之所行，皆何道從來？』岐伯答曰：『營出於中焦，衛出於下焦。』」《靈樞・衛氣篇》曰：「其浮氣之不循經者，為衛氣；其精氣之行於經者，為營氣。」講明此三氣者，自秦越人之後，惟明馬玄台《難經正義》考究極工，於宗氣則曰：「自夫飲食入胃，其精微之氣，積於胸中，謂之宗氣。宗氣會於上焦，即八會之氣，會於膻中也。惟此宗氣主呼吸，而行脈道。」於營氣則曰：「營氣者，乃陰精之氣也，即宗氣之所統，猶太極之分而為陰也。此氣始於肺臟而復會於肺臟，而行晝行夜，十二經之陰陽皆歷焉。所謂太陰（即肺臟）主內者，此也。」於衛氣則曰：「衛氣者，陽精之氣也，亦宗氣之所統，猶太極之分而為陽也。此氣始於膀胱臟，而復會於膀胱臟。」引《靈樞・歲露論篇》曰：「『衛氣一日一夜，常大會於風府。』風府者，足太陽（即膀胱）督脈陽維之會，所謂太陽主外者，此也。蓋營氣行陽行陰，主晝夜言，衛氣行陰行陽，主陽經陰經言，營氣之行於晝者，陽經中有陰經，行於夜者，陰經中有陽經，故行陰行陽，主晝夜言也。衛氣則晝必止行於陽（行三陽經也），夜必止行於陰（行三陰經也），是陰陽不指晝夜言也。」又謂

《靈樞・五十營》等篇中言氣脈流行，自肺而始，至肝臟而終，循循不已。凡此非精究經旨，融會脈絡，苦心積累不能也。學者須深體會之，方可明其究竟也。

至於太極拳太極功中之氣功，端賴呼吸以行之，若不明呼吸之所以然，則運用行功之時，無所適從，故深論之。呼吸者，即先天太極之動靜，人一身之原氣也（即兩腎間動氣）。有生之初，即有此氣，默運於中，流動不息，然後臟腑行所司而行焉！《難經》曰：腎間動氣者，「五臟六腑之本，十二經脈之根，呼吸之門」。經謂肺出氣，出此也；腎納氣，納此也。謂呼在肺而吸在腎者，蓋肺高腎下，猶天地。故滑伯仁曰：「肺主呼吸，天道也（此呼吸乃口鼻之呼吸，指穀氣而言也）。腎司闔辟，地道也（此闔辟乃真息，指原氣而言也）。」《靈樞經》曰：「五穀入於胃也，其糟粕、津液、宗氣分為三隧。故宗氣積於胸中，出於喉嚨，以貫心脈，而行呼吸焉（行猶承行）。」此指後天穀氣而言，謂呼吸資宗氣以行，謂呼吸屬宗氣也。何也？

人一離母腹時，便有此呼吸，不待於穀氣而後有也。雖然，原氣使無宗氣積而養之，則日餒而瘁，呼吸何賴以行，故平人絕穀七日而死者，以水穀俱盡，臟腑無所充養受氣也。然必待七日乃死，未若呼吸絕而即死之速也。以是知呼吸者，根於原氣，不可須臾離也。宗氣如《難經》一難之義，原氣如《難經》八難之義，原氣言體，穀氣言用也。滑伯仁曰：「三焦始於原氣，用於中焦，散於膻中，上焦主內而不出，下焦主出而不內，其內其出皆係中焦之腐熟。」用於中焦之為義，其可見矣。

由是可知，宗氣者，先天真一之氣，流行百脈，貫穿臟腑，所謂「氣為血帥，血隨氣行」者，即此氣也。太極拳之氣功之所以能氣分陰陽，機先動靜者，端賴宗氣之鍛鍊。故宗氣既明，內景洞澈，人體一氣流行，順而行之，則百病不生，延年益壽不期然而然，故宗氣尚焉。

再就呼吸言之，不論其為胸呼吸、腹呼吸、外呼吸、內呼吸、正呼吸、反呼吸，以及皮膚呼吸等，欲其流暢不窒，捨宗氣之充足，無以完成其任務，故宗氣之為用亦大矣哉！學者可不加之意乎？

在太極拳氣功中，以宗氣為主，氣能隨我所運，漸而達到聽我使用之效，故能運能使，方為太極功氣功之目的，否則，氣功何需鍛鍊哉？當太極拳初練氣功時，並無若何感覺，只覺練習後，身體略感輕快耳。練至相當之時日，則腹內腸胃略有腸鳴，漸至有如龍吟虎嘯之勢，此時堅持鍛鍊，持之以恆，則能陰陽分，順逆勻，盈虛消長，漸能掌握，所謂氣分陰陽者，此也。

然後培其元氣，守其中氣，保其正氣，護其腎氣，養其肝氣，調其肺氣，理其脾氣，閉其邪惡不正之氣，勿傷於氣，勿逆於氣，勿憂思悲怒以頹其氣，升其清氣，降其濁氣，使氣清而平，平而和，和而暢達，能行於筋，串於膜，以至通身靈動，無處不行，無處不到。氣至則膜起，氣行則膜張，能起能張，則膜與筋齊堅固矣。然後自然氣由內臟到分肉，由分肉到腠理，由腠理到皮膚，由皮膚到毛細孔。營皮膚呼吸，則能減少肺臟之勞動，所謂太極拳之氣能全體發之於毛者，即指此也。

然後再能延長出來，經由體表之等電離子層和生物電

離子層，能使這種氣，達到（推手時）對方之身體，而且使這種氣跟對方之氣結合到一起，來指揮對方之呼吸，這就是我們所說的太極拳的氣功。

如能加意陶冶，融會貫通，則能內實臟腑，外堅腠理，精滿、氣充、神全，周流於人體之內外，內維臟腑之平衡，外防六氣之侵襲，故能增強體質，推遲衰老，永葆青春，健康長壽。學者果能細心研究之，又能持之以恆，則獲益之處，豈淺鮮哉！是為論。

（此文原載於《武當》雜誌）

原刊載之文在第四段之後有作者關於「五行」之注：「五行者，一水二火三木四金五土。據素問運氣曰：『水之為言潤也（陰氣濡潤任養萬物）。火之為言化也（陽在上陰在下火毀然盛而化生萬物）。木之為言觸也（陽氣觸動冒地而生）。金之為言禁也（陰氣始禁止萬物而揪斂）。土之為言吐也（含吐萬物將生者出將死者歸為萬物家）。』」

太極打手法

打手者，研究懂勁之法也。先師曰：「由著熟而漸悟懂勁，由懂勁而階及神明。」旨哉言乎！夫究宜如何始能著熟？宜如何始悟懂勁？宜如何階及神明？此著者僅就二十餘年來研究所得，不得不貢獻於我同好者也。

夫太極拳之各勢，既已練習，則當首先注意姿勢之是否正確，動作能否自然，待其既正確且自然矣，然後進而練習應用。應用既皆純熟，斯可謂著熟也矣。

雖然，此不過彼往我來之一勢一用而已耳。若彼連用數法，或因我之著而變化之，斯時也，則如之何？於是乎懂勁尚焉。

夫懂勁者，因己之不利處，推及彼之不利處也。方我之欲擊敵也，心中必先具一念，然後始擊之也。反是，彼能無此一念乎？雖智愚賢不肖異等，而其先具之一念，未嘗異也。

故彼念既興，我念亦起。真偽虛實，難測異常。苟無一定之主宰，則必至於張惶失措。方恐應敵之不暇，尚何希其制勝哉！

雖然，當擊彼之念既起，則當存心彼我之著法孰速？欲擊之目的孰當？彼未擊至我身也，可否引其落空？或我之動作，是否能動於彼先？待既擊至我身也，宜如何變其力之方向，使落不及我身？或能因彼之力，而使其力折回，而還於彼身？此等存心，究宜如何始能得之？蓋因我之某處懼彼之擊也，彼之某處亦懼我之擊。此明顯之理也。然而避我之怕擊處，擊彼之怕擊處，則彼欲勝，豈可

得乎？孫子曰：「知彼知己，百戰百勝。」此之謂也。

　　方此時也，再能默識揣摩，漸至周身之不隨意筋，亦能隨意活動。全體各部，均能發現一種反射運動。自頭至足，無一處不輕靈，無一處不堅韌，無一處不沉著，無一處不順遂，通體貫串，絲毫無間，自能心恬意靜，變化環生。故擊敵之際，彼力離而未發，即能知其將發。彼何處欲動，即能知其將動。其心之所至，無不知之。此皆由於明乎運勁發勁之理，剛柔動靜之機之所致也。

　　蓋一動無有不動，一靜無有不靜。虛實分清，自能知其所以然矣。然後因力制勝，假力制勝，順力制勝，逆力制勝，分力制勝，合力制勝。久而久之，感物而動，遇力便曉。無論彼之所用之力，為直線，為曲線，為彈簧線，為螺旋線，而我以無形無像，全身透空之身，加以出其不意之方法，輕靈奇巧之步法，閃展騰挪之身法，出入神速之手法，使敵瞻前忽後，仰高鑽堅，虛實莫辨，應付為艱。當此時也，敵欲攻，而不得逞。敵欲逃，而不得脫。黃主一先生所謂：「不用顧盼擬合，信手而應，縱橫前後，悉逢肯綮」者，其太極拳打手之謂乎？斯時也，可謂懂勁也矣！

　　懂勁後，愈練愈精，乃至捨己從人，隨心所欲，不思而得，從容中道。非達於神明矣乎？學者，果能盡心研究之，則玄玄之理，有不期然而然者。

　　雖然，太極拳之妙用，三豐、宗岳諸先師，已論之詳矣！故不復云。然數百年來，能闡明其旨者，誰乎？要之，後有好事者，庶可因是而得之也！

　　（此文摘自《國術概論》）

凌空勁歌

吳圖南

露蟬班侯夢祥間，三世心傳凌空難。
我今道破其中秘，洞徹全豹反掌間。
只因傳工皆口授，未嘗公開告世人。
且幸恩師多奇重，教我其中步驟全。
我今說明其中義，節省時間又便傳。
先須啄勁練到手，再練蕩勁不費難。
離空諸勁都學會，哼哈運氣亦練全。
彼此呼吸成一體，牽動往來得自然。
此時再學凌空勁，堅持工夫一二年。
手舞足蹈隨心意，至此方叫工夫完。

辛亥冬烏拉布作於京師

後　記

　　這套太極拳練架是我 1968 年時由師爺吳圖南先生傳授的，自那以後幾乎每日練習，深得其益。拳者，為「明己功夫」之一，及若不明焉能知人，這是古人之明訓，後來修習者不可不察，以致忽視拳架練習在養生、應用中的重要作用。

　　吳圖南師爺自幼多病，當時身為武功將軍的祖父認為「大丈夫應為國家效命於千里之外」，像師爺多病之軀，在國家遇到危難，難以效命疆場為國為民出力。所以命師爺的父親麗泉公每天清晨授以內功。過了一年，師爺的身體漸漸地好了。在九歲中學時北平的國術大師吳鑒泉先生恰在校授拳，即拜為師，修習太極拳練架（包括定勢、連勢）、推手等八年，後又隨少侯先生練習太極拳用架及太極功四年。跟隨鑒泉先生到南京參加國考，並協助老師在江南發展太極拳事業。

　　而現在太極拳界中對吳所傳授的太極拳流傳有「南吳北王」的說法，我個人感覺此說法有所欠妥。吳鑒泉先生在北京傳授太極拳二十餘年，得其真傳者人才濟濟，其中除吳圖南先生以外，更有趙元生、吳潤臣、趙壽椿、金雲峰、金壽峰、葛馨吾、束錫珍、趙仲博；以及趙仲博的弟子關傑三也均為國術大家。後來鑒泉先生在南方的傳人徐致一先生自上海到北京工作，與北方傳人往來甚密，其中有很多人在五六十年代還活躍在北京武壇上，為中國的武術發展與太極拳事業做過許多的貢獻。我感覺現在乃至以

後的人同樣不能忘記他們，因此，我想借此機會來緬懷他們———那些幾乎被現代名家所遺忘的前輩們。

本書中太極拳套路基本上是按照吳圖南師爺在 20 年代所著的《科學化的國術太極拳》而著述、演練的，其中在二起腳、打虎勢二勢，師爺後來傳授我時稍作改動，故以改動後的動作為準。

對於本書的落稿我由衷地感謝周荔裳老師的指導；余小華、呂曉甯、任國強對最初書稿進行校對並提出寶貴的修改意見；以及高惠敏的排版，楠元克彥、楠元美紀子、凌部良子、呂曉甯、張彤等協助攝影。並在此誠摯地向曾經熱忱幫助過、支持過我的人們表示感謝。

李　璉於北京

導引養生功 系列叢書

- ◎ 1. 疏筋壯骨功
- ◎ 2. 導引保健功
- ◎ 3. 頤身九段錦
- ◎ 4. 九九還童功
- ◎ 5. 舒心平血功
- ◎ 6. 益氣養肺功
- ◎ 7. 養生太極扇
- ◎ 8. 養生太極棒
- ◎ 9. 導引養生形體詩韻
- ◎ 10. 四十九式經絡動功

張廣德養生著作

每冊定價 350 元

全系列為彩色圖解附教學光碟

彩色圖解太極武術

1 太極功夫扇
定價220元

2 武當太極劍
定價220元

3 楊式太極劍
定價220元

4 楊式太極刀
定價220元

5 二十四式太極拳+VCD
定價350元

6 三十二式太極劍+VCD
定價350元

7 四十二式太極劍+VCD
定價350元

8 四十二式太極拳+VCD
定價350元

9 楊式十八式太極劍拳
定價350元

10 楊氏二十八式太極拳+VCD
定價350元

11 楊式太極拳四十式+VCD
定價350元

12 陳式太極拳五十六式+VCD
定價350元

13 吳式太極拳五十六式+VCD
定價350元

14 精簡陳式太極拳八式十六式
定價220元

15 精簡吳式太極拳三十六式 拳架・推手
定價220元

16 夕陽美功夫扇
定價220元

17 綜合四十八式太極拳+VCD
定價350元

18 三十二式太極拳 四段
定價220元

19 楊式三十七式太極拳+VCD
定價350元

20 楊氏五十一式太極劍+VCD
定價350元

古今養生保健法　強身健體增加身體免疫力

養生保健 系列叢書

太極跤

1 太極防身術

定價300元

2 擒拿術

定價280元

3 中國式摔角

定價350元

簡化太極拳

1 陳式太極拳十三式
定價200元

2 楊式太極拳十三式
定價200元

3 吳式太極拳十三式
定價200元

4 武式太極拳十三式
定價200元

5 孫式太極拳十三式

定價200元

6 趙堡太極拳十三式

定價200元

原地太極拳

1 原地綜合太極二十四式
定價220元

2 原地活步太極四十二式
定價200元

3 原地簡化太極拳二十四式
定價200元

4 原地太極拳十二式

定價200元

5 原地青少年太極拳二十二式

定價220元

6 原地兒童太極拳十捶十六式

定價180元

健康加油站

1
糖尿病預防與治療

定價200元

2
胃部機能與強健

定價180元

3
不孕症治療

定價200元

4
簡易醫學急救法

定價200元

5
肥胖健康診療

定價200元

6
肝功能健康診療

定價200元

7
高血壓健康診療

定價200元

8
高血糖值健康診療

定價200元

9
尿酸值健康診療

定價200元

10
膽固醇中性脂肪健康診療

定價200元

11
痛風劇痛消除法

定價180元

12
三溫暖健康法

定價180元

13
手・腳病理按摩

定價180元

14
B型肝炎預防與治療

定價180元

15
吃得更漂亮、健康

定價180元

16
茶使您更健康

定價180元

17
圖解常見疾病運動療法

定價180元

18
科學健身改變亞健康

定價180元

運動精進叢書

1 怎樣跑得快
定價200元

2 怎樣投得遠
定價180元

3 怎樣跳得遠
定價180元

4 怎樣跳的高
定價180元

5 高爾夫揮桿原理
定價220元

6 網球技巧圖解
定價220元

7 排球技巧圖解
定價230元

8 沙灘排球技巧圖解
定價230元

9 撞球技巧圖解
定價230元

10 籃球技巧圖解
定價220元

11 足球技巧圖解
定價230元

快樂健美站

1 柔力健身球
定價200元

2 自行車健康享瘦
定價200元

3 跑步鍛鍊走路減肥
定價200元

4 肌力訓練
定價200元

5 舒適超級伸展體操
定價200元

6 水中有氧運動
定價200元

7 雕塑完美身材
定價200元

8 創造超級兒童
定價200元

9 陳式太極拳十三式
定價200元

10 防止老化
定價200元

11 三個月塑身計畫
定價200元

12 懶人族瑜伽
定價200元

13 忙裡偷閒練瑜伽基礎篇
定價200元

14 忙裡偷閒練瑜伽袪病養生篇
定價200元

15 健身跑激發身體的潛能
定價200元

16 中華鐵球健身操
定價200元

17 彼拉提斯健身寶典
定價200元

19 瑜伽美姿美容
定價180元

傳統民俗療法 系列叢書

品冠文化出版社

1 神奇刀療法
定價200元

2 神奇拍打療法
定價200元

3 神奇拔罐療法
定價200元

4 神奇艾灸療法
定價200元

5 神奇貼敷療法
定價200元

6 神奇薰洗療法
定價200元

7 神奇耳穴療法
定價200元

8 神奇指針療法
定價200元

9 神奇藥酒療法
定價200元

10 神奇藥茶療法
定價200元

11 神奇推拿療法
定價200元

12 神奇止痛療法
定價200元

13 神奇天然藥食物療法
定價200元

14 神奇新穴療法
定價200元

15 神奇小針刀療法
定價200元

歡迎至本公司購買書籍

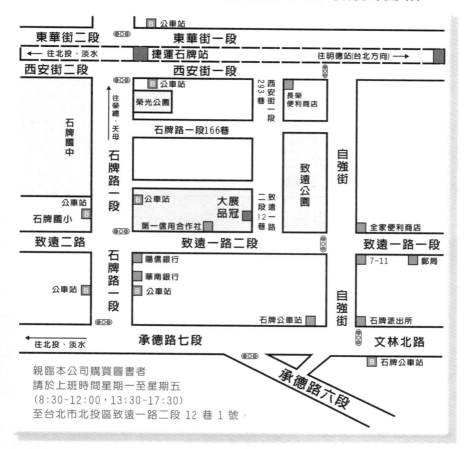

親臨本公司購買圖書者
請於上班時間星期一至星期五
(8:30~12:00，13:30~17:30)
至台北市北投區致遠一路二段 12 巷 1 號。

建議路線
1. 搭乘捷運
　　淡水線石牌站下車，由出口出來後，左轉(石牌捷運站僅一個出口)，沿著捷運高架往台北方向走
(往明德站方向)，其街名為西安街，至西安街一段293巷進來(巷口有一公車站牌，站名為自強街口)，
本公司位於致遠公園對面。

2. 自行開車或騎車
　　由承德路接石牌路，看到陽信銀行右轉，此條即為致遠一路二段，在遇到自強街(紅綠燈)前的巷
子左轉，即可看到本公司招牌。

國家圖書館出版品預行編目資料

太極拳練架真詮／李 璉 著
——初版，——臺北市，大展，2007〔民 96〕
面；21 公分，——（武術特輯；90）
ISBN 978-957-468-533-2（平裝）
1.太極拳
528.972　　　　　　　　　　　　96003157

太極拳練架真詮

ISBN-13：978-957-468-533-2

著　　者／李　璉
責任編輯／張 建 林
發 行 人／蔡 森 明
出 版 者／大展出版社有限公司
社　　址／台北市北投區（石牌）致遠一路 2 段 12 巷 1 號
電　　話／（02）28236031 · 28236033 · 28233123
傳　　眞／（02）28272069
郵政劃撥／01669551
網　　址／www.dah-jaan.com.tw
E - mail／service@dah-jaan.com.tw
登 記 證／局版臺業字第 2171 號
承 印 者／高星印刷品行
裝　　訂／建鑫印刷裝訂有限公司
排 版 者／弘益電腦排版有限公司
授 權 者／北京人民體育出版社
初版 1 刷／2007 年（民 96 年）5 月

定　　價／280 元